社会基盤としての社会教育再考

社会教育の再設計：シーズン1

～未来への羅針盤をつくる知の冒険～

目次

「社会教育の再設計」シリーズに寄せて

牧野　篤

私たちは、社会の大きな転換点に立っています。少子高齢化・人口減少、人生100年時代という人口構造の急激な変化、人工知能の急速な発達にともなう産業構造・雇用のあり方の変容、子どもの貧困に代表される社会的格差の拡大、また社会の価値観の多様化・多元化と人々の孤立の深刻化、その上、昨今の新型コロナウイルス感染症の拡大による新しい生活スタイル確立の必要など、一つひとつがそれぞれに大きな課題として、私たちの日常生活に立ちはだかっています。政治も公助から自助へと大きな振幅をともなって転回し、私たちに自己責任を押しつけてきます。自立とはまるで孤立の別名であるかのようです。こうして、人々は自立の前におののき、立ちすくんでいるように見えます。

このような状況の下、社会教育が政策的にも実践的にも重視されています。総務省の地域運営組織、厚生労働省の地域包括ケア・地域共生社会づくり、国土交通省の地域防災、まち・ひと・しごと創生会議の小さな拠点づくり、そして文部科学省の地域学校協働活動・コミュニティスクールなどは、すべて地域コミュニティを基盤に、住民が自ら学び、その地域を担うことで、社会の転換期にそなえるよう求めています。政策的・行政的な焦点はいまや、国や地方自治体ではなく、地域コミュニティであり、国民や市民ではなく、住民なのです。

私たちは、孤立するのではなく、ともにつながりつつ、地域を誰一人として取り残さない、誰をも大切にする場所へと変えなければなりません。

そのためには、人々が学びあいを通して、それぞれの思いをともに実現することで、日常生活が豊かになり、充実感を得る、そういう楽しさに駆動される実践が大切です。それが社会教育です。社会教育は、私たちが社会の主人公として、ともに生きていくための基盤となるべきものです。

「社会教育の再設計」シリーズは、このような社会教育を模索するためのささやかな取り組みの記録です。シーズン1では、社会教育を考えるための基本的な視点を議論したいと考えました。

手に取って下さった方々が、社会教育についての知識を得るだけでなく、自分が社会の主人公として、他者と共に歩むとはどういうことなのか、それぞれの講師からのメッセージを受け取って下さるのであれば、幸いです。

東京大学社会教育学研究室
公開講座
×
YS市庭コミュニティー財団
「知の冒険事業」

社会教育の再設計 シーズン1

～未来への羅針盤をつくる知の冒険～

本講座について

社会が大きな変革期を迎えている今日、社会教育も新たな役割を期待されています。

この講座は、各分野の最前線でご活躍のゲスト講師の方々からお話を伺い、現代的な課題を踏まえつつ、社会教育の基本・原理を学びなおすことを目的としたものです。

社会教育の仕事をしている方をはじめ、企業の社会貢献やNPO活動を通して世代やジャンルを超えた学びの重要性を意識している方、未来への希望を生み出す学びについて関心のある方など、学びの力を社会・地域づくりに生かしたいと考えている方々に向けた連続講座です。

ナビゲーター

東京大学大学院 教育学研究科 教授 牧野 篤

参加対象者

社会教育関係職員・行政職員、市民活動・NPO・企業等関係者、社会教育に関心ある市民・学生、など

参加費

全5回 3,000円（学生は無料／単発参加は応相談1回1,000円）

募集人数

1講座 50名 （申し込み先着順）

開催場所

東京大学 教育学部 1階１５８号室
（地下鉄丸ノ内線・大江戸線 本郷三丁目駅下車）

セミナースケジュール

魅力ある講師陣　　実践と理論

プログラム

第1回 「生涯学習」出現と社会教育
2019年10月11日 ゲスト講師：寺脇 研 さん
（京都造形芸術大学客員教授）

第2回 コミュニティデザインと社会教育
2019年11月22日 ゲスト講師：山崎 亮 さん
（コミュニティデザイナー）

第3回 農山村再生と社会教育
2019年12月6日 ゲスト講師：小田切徳美 さん
（明治大学農学部教授）

第4回 社会的起業と社会教育
2020年1月10日 ゲスト講師：吉田博彦 さん
（NPO法人教育支援協会代表理事）

第５回 10代若者と社会教育
2020年2月14日 ゲスト講師：今村久美 さん
（認定NPO法人カタリバ代表理事）

＊毎回金曜日。時間は19時から21時まで＊

お申込み先

申込みフォーム（以下のQRコード）
またはメールで「sankatokyokaigi@gmail.com」へ。
メールの場合、
件名に「社会教育の再設計シーズン1」申込
本文に「氏名、メールアドレス、連絡先電話番号
所属（学生の場合は学校名）、
全5回参加or単発（単発の場合参加する回）」
を書いてお申込みください。

主催：東京大学社会教育学研究室
協賛：YS市庭コミュニティ財団「知の冒険事業」
企画協力：学びのクリエイターになる！講座修了生有志
日本青年館社会教育編集部 特別区社会教育主事会

2019年10月11日

第１回
「生涯学習」出現と社会教育 生涯学習局が誕生した背景

ゲスト　寺脇　研さん
（京都芸術大学客員教授）

〈プロフィール〉

星槎大学教育大学院特任教授、京都芸術大学客員教授、映画評論家、映画プロデューサー、落語評論家。

1952年福岡市生まれ。75年文部省（当時）入省。福岡県教育委員会義務教育担当課長、文部省社会教育局社会教育課課長補佐、生涯学習局生涯学習振興課課長補佐、生涯学習局企画官兼民間教育事業室長、広島県教育長、生涯学習局生涯学習振興課長、大臣官房審議官（生涯学習政策局担当）などを歴任し、2006年退官。

生涯学習がライフワーク。

取材・写真　いとう啓子　編集部

現代的な課題を踏まえつつ、社会教育の基本・原理を学びなおすことを目的とした講座の第1回目が、２０１９年10月11日に東京大学で開催された。

当日は大型台風が来る直前という悪天候だったが、会場満員の約１００名が受講した。

第1回の講師は寺脇研さん。文部省、文部科学省で、広島県教育長、生涯学習振興課長、大臣官房審議官などを歴任。ゆとり教育の広報を担った。２００６年に退官。現在は京都造形芸術大学客員教授を務めている。

社会教育局が生涯学習局へ

１９７５年に文部省に入った寺脇さんは、84年から福岡県の教育委員会に出向。社会教育総合センターに出入りしていたときに社会教育について学んだという。

当時はまだ学校教育万能論が強く、省内では、初等中等教育局が筆頭局で、高等教育局、学術国際局の3局が花形。残りが社会教育局と体育局と文化庁という感じだったそうだ。

しかしその後、高度成長期に陰りが見えてくると、状況は変わっていった。

「75年に反乱が始まったのです」と寺脇さん。

ずっと上がってきた高校進学率が92～93％で止まり、大学進学率も50％まで上がると思われていたが、37％くらいで止まってしまった。さらに、１９７５年から10年余り中学校が学級崩壊などで荒れていた。

この状況を受けて、文部省は高等教育計画などを練り直したり、対応に追われた。

「80年からの指導要領で、明治以来初めて授業時間を減らし教える内容を減らす、ゆとりという言葉が出ました」

講演する寺脇さん

そして、１９８４年に臨時教育審議会が始まり、87年８月に最終答申が出された。

「３年間いろいろ議論した結果、出てきたのが生涯学習という言葉でした。戦後の中教審の答申の中で一番有名な昭和46年の答申の中で生涯学習という言葉は出ています。学校だけの教育ではなく生涯にわたって国民は教育していかなければいけないということだったが、流行らずにそのままになっていたのです」

46年の答申のときに生涯教育という名は、ユネスコで出ていたlifelong learningという考え方から来ていたが、当時の日本ではなかなか受け入れられなかった。

87年8月に答申がでて、「生涯学習」を推進することが閣議決定された。

実は、戦後やっていた国民の意識調査で、81年に初めて物の豊かさよりも心の豊かさが大事だという人が多くなった。人の意識変化が起きていたことも背景にあった。

「答申には今までの学校教育一辺倒の考え方を変えないと生涯学習はできないと書いてありました。88年7月に生涯学習局を作り、筆頭局にしますという絶対命題でした」

スクラップ&ビルドの考え方があったため、新しい組織をつくるときにはどこかをなくさないとならなかった。そのため社会教育局が生涯学習局となった。

このとき、寺脇さんは生涯学習局に入ることを希望した。「生涯学習の仕事をやらせてくださいと言ったのです。実は、他にやりたい人は誰もいなかったのです」

社会教育関係者など約100名が集まった

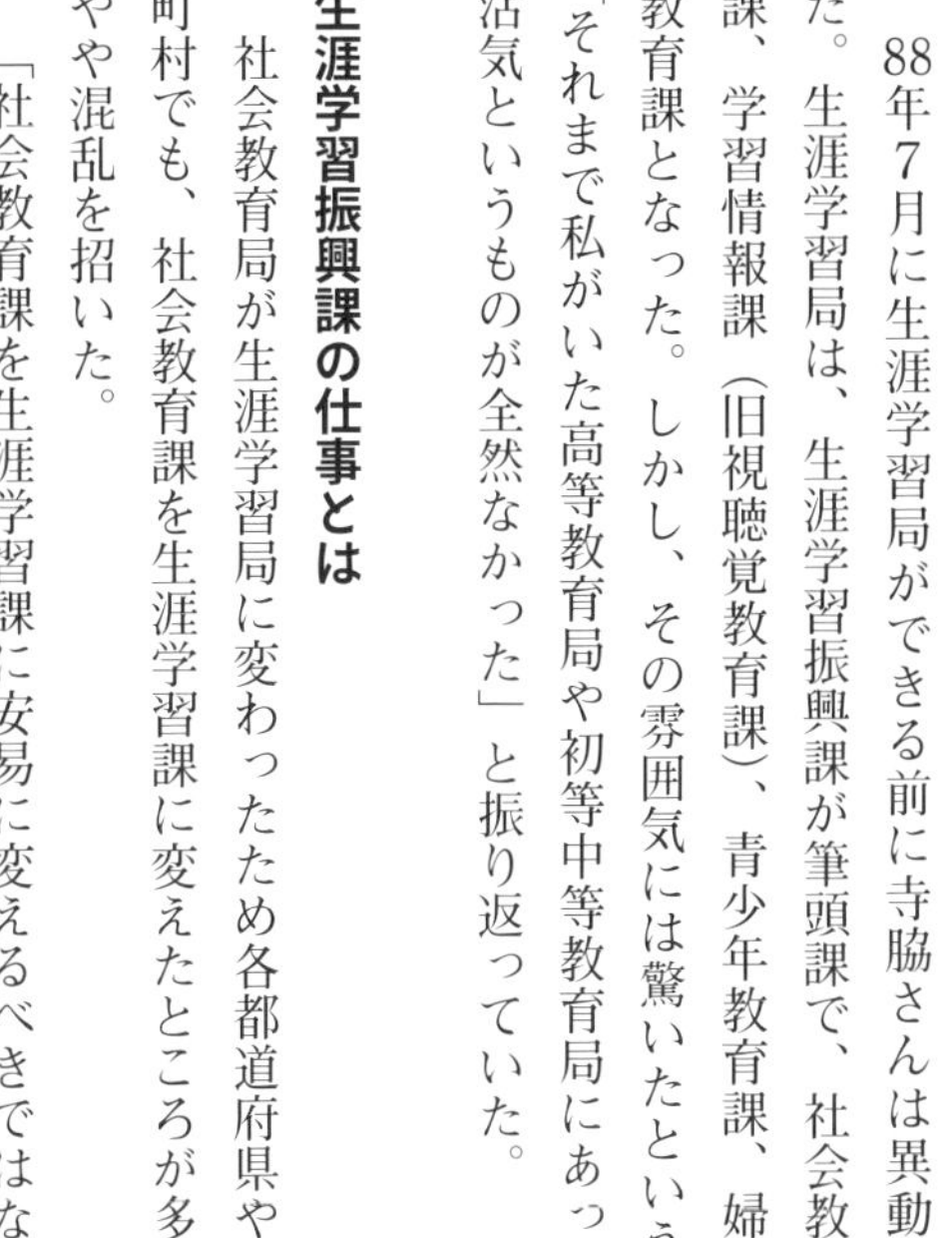

88年7月に生涯学習局ができる前に寺脇さんは異動した。生涯学習局は、生涯学習振興課が筆頭課で、社会教育課、学習情報課（旧視聴覚教育課）、青少年教育課、婦人教育課となった。しかし、その雰囲気には驚いたという。「それまで私がいた高等教育局や初等中等教育局にあった活気というものが全然なかった」と振り返っていた。

生涯学習振興課の仕事とは

社会教育局が生涯学習局に変わったため各都道府県や市町村でも、社会教育課を生涯学習課に変えたところが多くやや混乱を招いた。

「社会教育課を生涯学習課に安易に変えるべきではないと思ったのですが、そのことは敢えて言わなかった。生涯学習という言葉があまりにも知られていない言葉だったからです。例えば、その時に国民に調査をしたらほとんどの

後半では寺脇研さんと牧野篤教授の対談と質疑

人が知らない言葉だった。まず、この言葉を定着させなければいけないとするならば、社会教育の方には申し訳ないけれども各自治体の社会教育課が生涯学習課になるというのは、生涯学習という言葉が認知されるという意味においては意味がある。まず生涯学習というものを世の中に定着させていくためには、社会教育が変わっていかなければいけない。これをチャンスに社会教育も元気を出しましょうというのがその時の感じでした」

また、生涯学習振興課と社会教育課ができたため、すみわけが難しかったという。

「生涯学習振興課の仕事というのは、それまで社会教育課がやっていた仕事はひとつもなく、学校教育で持てあまされていたものを持ってきて、民間との付き合いを始めますよということでスタートしたわけです」

同局は、放送大学や、専修学校、各種学校、民間教育事業などを担当することになった。

さまざまな苦労はあったものの、福岡で社会教育に接していた寺脇さんは奮起。キャッチフレーズ「新しい風、生涯学習」を作り、文部省史上初のテレビCMを放

マナビィのついたトレーナーを着る
近藤編集長

映。さらに、１９８９年11月には全国生涯学習フェスティバルを開催。マンガ家の石ノ森章太郎先生にキャラクター「マナビィ」を作成してもらうなど、さまざまな新しい活動を展開していった。

「学校教育の世界で生涯学習という言葉が定着するまでに10年以上、15年ぐらいかかりました」と寺脇さんは語っていた。

映画「子どもたちをよろしく」のチラシ

一方、映画評論家としても活動している寺脇さんは、２０１２年から映画プロデューサーとしても活動。中学生のいじめと自殺、その裏にある家庭の問題をリアルに描いている映画「子どもたちをよろしく」を制作。２０２０年２月29日(土)に公開予定となっている。

受講者の声・感想

『生涯学習』が生まれた経緯を聞けてよかったです。

これから多様化する社会で、生涯学習、社会教育が、困難を抱える方を救えるかもしれないと思うと、ワクワクします。

社会教育、生涯学習というお堅い環境の中で、いろいろな点で柔軟性を持ち、関連するデータの裏付けをするということの大切さや必要性を学びました。また、いろいろな事例、“学ぶ人のことを考える”という姿勢もとても参考になりました。

お話を伺って、生涯学習のベースに『学びの主体はその人にある』ということを再認識する機会となりました。日々、学びを企画をする側として、ついそれを忘れて、ある意味学びの押し付けをしているのではないかと、反省する思いでした。

生涯学習は学習者の目線で考える必要もあると感じました。学習者の『楽しさ』をいかに波及させていくかが、これからの課題だと思います。

受講者の声・感想

生涯学習が、
それまでの固定観念にとらわれ
ない、多世代、男女問わず楽しい学習を目
指すことだと理解しました。
『マンガもカラオケもお酒も生涯学習』ということで、寺脇さんの考える生涯学習の範囲が広くて少し驚きました。逆に言えば、それだけ世の中に生涯学習の考え方が浸透していくことが大事なのだろうと思いました。
生涯学習は自分を楽しませるものだ、
という言葉に納得しました。

『政治家の介
入できない新しい社会教育の場』
を作っていける希望を感じました」
どこで学ぶか (where ？) 何を学ぶか (what ？) の他に、どうやって学ぶか (how ？) も大切だな〜と思いました。
市民としての参加ですが、地域の生涯学習に関わっています。先生のお話でいろいろなことが点検できて、とてもよかったです。
社会教育、生涯学習が今後ＩＴとどう関
わっていくのか、いかないのかも
知りたかったです。

2019年11月22日

第2回

コミュニティデザインと社会教育

市民が楽しみ、自分たちが作ったと感じるように

ゲスト　山崎　亮さん
（コミュニティデザイナー）

〈プロフィール〉
studio-L代表。コミュニティデザイナー。社会福祉士。1973年愛知県生まれ。大阪府立大学大学院および東京大学大学院修了。博士（工学）。建築・ランドスケープ設計事務所を経て、2005年にstudio-Lを設立。地域の課題を地域に住む人たちが解決するためのコミュニティデザインに携わる。まちづくりのワークショップ、住民参加型の総合計画づくり、市民参加型のパークマネジメントなどに関するプロジェクトが多い。
著書に『コミュニティデザインの源流（太田出版）』、『縮充する日本（PHP新書）』、『地域ごはん日記（パイインターナショナル）』、『ケアするまちのデザイン（医学書院）』などがある。

取材・写真　いとう啓子　編集部

「社会教育の再設計～未来への羅針盤をつくる知の冒険～」の第2回は、2019年11月22日に「コミュニティデザインと社会教育」というテーマで開催された。

講師には、地域の課題を住民が解決するためのコミュニティデザインに携わっている山崎亮氏（コミュニティデザイナー、studio-L代表）を迎えた。

山崎氏は、事例を紹介しながらコミュニティデザインについて講演した。

泉佐野丘陵緑地をデザイン

ゲスト講師の山崎亮さん

泉佐野丘陵緑地は、2014年8月にオープンした大阪府営公園。山崎氏は、地域住民の意見を聞きながらデザインしていくという手法で、公園づくりを進めた。
まず、公園づくりを担うボランティアを養成する「パークレンジャー養成講座」を開講。集まった市民は、公園づくりに必要な知識や技術を学んでいった。
翌年には、講座を修了したパークレンジャーたちが、パーククラブを設立。パーククラブの人たちが継続的に公園を作り続けている。この養成講座は毎年開講され、現在３００人くらいのパークレンジャーたちが関わっているそうだ。

「市民参加で公園を造っていくプロセスで、学びのサイクルがあります。地域の中で公共施設を作ろうと思えば、社会教育の絶好の場になると思います。計画があるなら地域住民の意見を聞いた方がいいし、意見を聞くときは地域住民が学ぶ場を作ることです」と山崎さん。

墨田区の食育計画

続いて、東京都墨田区で早稲田大学と共に行った食育計画について話した。

「食育とは何なのか。子どもたちが食べるとはどういうことなのか。家族と一緒に食べる。ゆっくり食べる。地元の食材を使う。あるいは地元経済を回す。これは一体どういうことなのか。学んでいただきながら、墨田区全体の食育計画をつくりました」

すると、学んだ人は、自発的に動くようになったという。

「学んだ人たち自身が小学校の授業を行うようになりました。学んだ人たちが次の学びの場を作っていく連鎖が生まれているというのはすごいと思います」

さらに広げるために、学んだ市民に食育を話し合うワークショップ開催をすすめた。当初は躊躇した市民に、山崎さんはカードゲーム作りを提案。そして、市民と共に制作を進め、食育を考えるカードゲーム「食で育む１００のタネ」を完成させた。一枚ずつのカードに「地産地消」など、墨田区全体の食育計画の言葉が書かれてある。ワークショップでは、引いたカードにある言葉について話し合う。

「デザイナーとしてかっこいいツールを作れば、地域の人は喜んで使ってくれると思っていたのです。しかし、そうではない。社会教育の機会がセットになって、まず学んだ主体がいて、このような道具が欲しいと言ったら、その道具を完璧にデザインしていく。すると、デザイナーは力を発揮できるのです」

このカードの裏には、作った人の名前が入っている。関わった人たちは、カードへ愛着を持ち、喜んでワークショップで使うそうだ。

主催する東京大学社会教育学研究室のある東京大学教育学部１階158号室で開催された。
牧野篤東京大学大学院教授をナビゲーターに質疑応答が進んでいく

介護現場を明るいイメージに

厚生労働省と共に行った介護のイメージを明るくするコミュニティデザインについても紹介した。同プロジェクトには学生、農家、美容師、介護福祉士、医師などさまざまな人が関わり、全国各地でワークショップを開催した。

このプロジェクトは「カリキュラムはない」「先生はいない」「ゴールはみんなで作る」というのが特徴だ。

そして、67チームにより多種多様なプロジェクトが生み出された。介護施設で陶器で食事する、死について語る「ソトバカフェ」(骨ツボの形をしたカップに卒塔婆の形をしたマドラーが付くお茶を提供)、介護施設版のビールをつくる研究開発など、ユニークなプロジェクトが生まれた。

最後に、寄付された物品をボランティアなどの協力で販売し、その利益を社会課題の解決に役立てる「チャリティショップ」についても話していた。東京2020オリンピック競技大会の時期に、東京都千代田区の小学校でチャリティショップを開催するという。小学生が店長になり、大学生も手伝うそうだ。

多くの楽しい事例を紹介しながら、山崎さんは次のように語った。

「社会教育は真面目に正しいことをやりますが、それ以上に楽しいことがないと人々は参加しないのです。正しさだけでは人はなかなか動けないのです。おいしそう、かわいい、おしゃれ、かっこいい、こういう要素も社会教育の中ではすごく重要だと思います」

また、学びから実践に進めることの重要性も話した。

「学んだだけで満足してしまうことになりがちですが、それでは半分もできていないと思います。例えば、英会話教室をやったら、地域でどう生かしていくのか。観光客を案内するのか。そういうプロジェクトがセットでないと学びが生きてこないのです」

そして、市民が自ら活動したと思うようにすることが大事だと語った。

「『人々の中へ』（晏陽初、Dr.James Yen作）という詩が僕は好きです。人々の中に入って行き、その人たちの生活を観察して、その人たちができることから始めて、その人たちの成長の速度に合わせてプロジェクトを動かしていきましょう、それがうまくいったときに、人々がこのプロジェクトは私たちがやったものだと言う、という詩なのです。これは、社会教育やコミュニティデザインをやるときにすごく大事なことなのです」

受講者の声・感想

大阪の公園プロジェクトの話の中で、住民の要求を実現するために、今までの手順や行政のあり方でなく、その住民の要望をデザインするという視点がありました。参考にしたいと思います。

単に学習しやすい内容でなく、全生活の分野にも住民が考え、実行していく知恵をデザインするという視点は、とても明るく楽しく希望が持てると感じました。行政の格差、地域の格差についても、見方を変えることで道がある、社会教育の変革期を諦めずに済みました。

『やりたいこと×できること』から始めることの重要性が伝わりました。それを地域に必要なことに連環していく様子が学べました。社会教育に関するヒントを多く得ることができました。

人々のクリエイティビティを引き出す上で、デザインの力は大きいと感じました。

真面目に正しいことに、楽しさと笑いを加えること。実践のための学びにすること。この２点が特に印象に残りました。

受講者の声・感想

行政が仕掛けると出てくる『やらされ感』をどうするかという課題を、いつも乗り越えられずにいました。

住民参画（まきこみ方）の手法を、いろいろと伺わせてもらい、大変参考になりました！

閉鎖的な介護業界にどんどん新風を入れて、意識革命のサポートをしていただきたいと思いました。


デザインは物の形や色だけでなく、それがどう機能するのか（物だけではなく、システムも含めて）が大事だと、改めて多くの事例を通して学ぶことができました。

参加者の極めて少ない公民館主催講座『家庭教育学級』をコミュニティデザインの視点でも考えていきたいと思いました。

学びには、実践が伴わないとならないということを学びました。

2019年12月６日

第３回

農山村再生と社会教育
「非専門家」からの問題提起

ゲスト　小田切徳美さん
（明治大学農学部教授）

〈プロフィール〉

神奈川県生まれ。東京大学大学院単位取得退学、博士（農学）。専門は農村政策論、地域ガバナンス論。東京大学助教授等を経て、2006年より現職。

大学院農学研究科長。日本地域政策学会会長、日本学術会議会員、国土審議会委員（国土交通省）、過疎問題懇談会委員（総務省）、新しい農村政策の在り方検討会座長（農林水産省）。

著書に『農山村は消滅しない』『農山村からの地方創生』（共著）『食料・農業・農村の政策課題』（共著）など、多数。

取材・写真　いとう啓子　編集部

「社会教育の再設計」シーズン1の第3回は、明治大学農学部教授の小田切徳美さんを迎え、「農山村再生と社会教育」というタイトルで12月6日に開催された。

小田切さんは、国内外の農山村地域の実態を調査研究し、政策提言を行っている。

著書には、『農山村再生の実践』(農山漁村文化協会、2011年)、『農山村は消滅しない』(岩波新書、2014年)などがある。

空洞化が進む農山村

まず、小田切さんは農山村の状況を説明した。90年代末から、農村経済は厳しい状況に入り、人(過疎)、土地(農林地が荒れる)、むら(集落の機能低下)の3つの空洞化が起きた。その元にあるのは「誇りの空洞化」。つまり地域住民がその地域に住み続けることの意味や意義を見失ってしまうことだという。

例えば、高齢の女性が「こんなところで生まれてかわいそうだから息子に学をつけて、外に追い出した」というような状況だ。

講演する小田切さん

２０００年以降、農山村では経済と空洞化によるコミュニティの危機が併進している。この状況を打破しようということで、工業用地を導入したり、リゾート開発などが行われてきた。しかし、今までとは違う方法で地域を作っていく「地域の再生」が大事だと小田切さんは強調した。

そもそも農山村とは、非常に少ない数の人が広大な空間の面倒を見ている地域社会。過疎の結果として人口密度が低いわけではなく、農業規模が拡大すると結果として過疎化が進む。つまり少ない人数で農山村空間をどのように使えば、次の世代にも支持される暮らしを生み出せるのか追求すること。つまり「先進的な少数社会」を作ることが大事だと説明した。

農山村再生に向けて

地域を再生するためには、暮らしのモノサシ作り（人材づくり）、暮らしの仕組みづくり（コミュニティづくり）、カネとその循環づくり（仕事づくり）の３要素が大切。

人材については、誇りの空洞化・諦めの脱却に対して当事者意識を持つ人を育てることが重要になる。「特に自分たちの地域のモノサシをもう一度、一本ずつ作り上げていくことが重要です」と小田切さん。また、集落はルーティンワークの行事を行い続ける仕組みになっているため、新しいことを始めるのは難しい面がある。

そして、都市農村交流も重要な役割を果たしている。各地でグリーンツーリズム、農家民泊などさまざまな交流産業が起き、地域の活性化につながっている事例もある。

さらに、公民館活動、高校生の地域参加など、人材、コミュニティ、仕事を再生するために、さまざまな取り組みも行われている。

2014年にできた地方創生法の領域も地域づくりと重なっている。

総務省は、地域のコミュニティづくりのために地域運営組織（RMO）を支援し、4787団体（2018年現在）ができている。地域運営組織とは「地域の生活や暮らしを守るために地域で暮らす人々が中心となって形成され、地域課題の解決に向けた取組みを持続的に実践する組織」。

既存の町内会もあるために、併存して活動していることが多いという。地域運営組織は今までできなかった高齢者交流、声かけなどを行っている。

地域の再生には時間がかかる。一気に再生することはできないため、地道な積み重ねていくことが重要だ。大切なことは住民にやらされ感が起きないこと。当事者意識を上げていき、小さな成功体験を積み重ねていくことが大切だと話していた。

増える関係人口

続いて小田切さんは「関係人口」について語った。地域と関わる人口のことだ。全国的に見ると、地域づくりが進んでいるところは関係人口が高いそうだ。国土交通省の調査によると、三大都市圏で田舎に帰省する以外の24％の人が、何らかの形で他の地域と関係を持っていることが判明した。

また近年、農山漁村地域への移住を希望する若者が、20～30代を中心に増えている。20代男性では半数近くが農山漁村への定住願望があり、女性では60％弱の人が農山漁村は子育てに適していると考えている。（２０１４年内閣府調査）

若者の意識の変化、ライフスタイルの多様化により、たとえ居住しなくても他の地域と関わり、気に入れば仕事を起こして住みつく、あるいは仕事を持ち込むなど、さまざまな形で若者は魅力的な地域と関係を持ちたがっている。

つまり、住民が増えなくても、関係人口が増えれば地域は

質疑応答を進行するナビゲーターの牧野篤東京大学大学院教授（左）とゲストの小田切教授

活性化するわけだ。

「地域づくりから、関係人口を呼び込み、そして彼らが移住して、あるいは関係人口として関わりを持って、いろいろなアイデアでよそ者、若者という形で地域づくりをハイステージに上げていく。ここに好循環が生まれるのです」

このような地域を「にぎやかな過疎」と表現していた。

「それは、多様なプレイヤーの交錯です。地域づくりに取組む地域住民＋新しいコミュニティ、地域運営組織。地域で仕事を作る、作ろうとしてもがいている移住者。あるいは何か関われないかと考えている関係人口。そして、国連のＳＤＧｓが注目され機関投資家を意識した民間企業、ＮＰＯ、大学、これらがごちゃまぜになっている。人が人を呼ぶ、仕事が仕事を呼ぶ。そして多様な人材のごちゃまぜの場なのです」

この「にぎやかな過疎」が、都市農村共生社会の拠点としての可能性があると小田切さんは指摘した。

そして、最後に地域再生における社会教育の役割について問題提起した。

「社会教育の集う、学ぶ、結ぶという先進性は重要だが、その重要性が地域づくり関係者に十分に伝わっていないのではないか。今まさに地域づくり、地方創生ということが言われているとすると、社会教育サイドからの積極的アプローチの好機ではないかと私は考えています」

問題点として、社会教育の拠点を作ること（不在の地域がある）、公民館に「高潔」なイメージがある、地域運営組織との連携、移住者・関係人口と社会教育の関係、「にぎやかな過疎」づくりにおける社会教育の位置づけというポイントを挙げていた。

受講者の声・感想

空洞化の進む農村を『もうダメ』とは考えず、新たなイメージとして『先進的少数社会』を打ち出すこと。まちづくりの可能性や新しい方向を示していただきました。

都市でもこの発想を生かして、何かできることがあるように思いました。

地域の思いと力で、地域なりの方法を開発して新しい仕組みを作ること。その課題としては、コミュニティスクールの運営や、遊休農地の活用など、いろいろ考えられます。そういう動きを生み出すのが社会教育の役割だと思いました。


農村に日本の新しい動きがあることを知り、元気な気持ちになりました。また、農村での取り組みなども参考になりました。

農村だけでなく、都市でも応用できそうな内容でした。日本の現状もよくわかりました。

当事者意識のお話が参考になりました。

若者による「しごと」を作る動き、関係人口のお話がとても面白かったです。子ども若者支援の問題を、関係人口の視点から考えてみたいと思いました。

受講者の声・感想

社会教育や公民館が地域課題に応えることと、公民館や社会教育施設が市民の自由な学びや交流の場であることは重要であると思います。

しかし、それらを無理なく両立して考えることに難しさを感じています。

社会教育は専門ではないと話されていましたが、地域コミュニティ、社会教育の本質、課題をズバリとついていると感じました。

農村の新しいごちゃまぜの時代の流れの中で、社会教育ができることのイメージを持つことができました。田園回帰に向かう若者などに、今後の社会に明るさを感じました。自然と共に、農村から元気を取り戻す未来を想像します。

牧野先生のコメントで､社会教育は教育的すぎた、地域で生活しているコミュニティや、経済的な生きる場から切れている感じがするという視点に、とても興味を持ちました。

2020年１月10日

第４回

社会的起業と社会教育
～NPOと社会教育の関係～

ゲスト　吉田博彦さん
（NPO法人教育支援協会代表理事）

〈プロフィール〉
1952年　大阪府枚方市生まれ。
1975年　大学卒業後、学習塾を仲間と設立し教育事業をスタート。
1998年　ＮＰＯ法人教育支援協会を設立し、2000年より代表理事に就任。
現在　ＮＰＯ法人全国検定振興機構理事長。

取材・写真　いとう啓子　編集部

1月10日の社会教育の再設計第4回目は、NPO法人教育支援協会代表理事の吉田博彦さんが登壇。前回と同じ東京大学社会教育学研究室で、「社会的起業と社会教育～NPOと社会教育の関係～」というテーマの講義を行った。

NPOの中途半端な現状

日本では、特定非営利活動促進法が1998年12月に施行された。教育支援協会は、最初に申請した6団体のひとつだった。

当時は、弱小のNPOばかりだったそうだが、その後NPO法人の数は増え続け、今では5万を超えている。しかし、吉田さんは「当初の制度理念である、新しき公共は薄れてしまって、中途半端な形でずっと続いている。当時の新しき公共を実現するためにNPOを作ろうという理念は、確実になくなってきている」と指摘した。

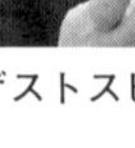

ゲストスピーカーの吉田さん

2年前に国税庁がNPOへの法人課税方針を打ち出し、一般的に納税義務を負うことになった。

しかし「担税力という問題があり、税金を納めるというのは

自由に処分できる財産を有し、利益を享受できる状態から発生するわけです。しかし、ＮＰＯには私有財産はないはずです」と吉田さんは語る。

ＮＰＯも収益を目的とする事業を行うことは認められているが、この収益は別会計にすることになっている。その事業で得た収益は社会貢献活動に充てると規定されているが、これに課税されるのはやむを得ないかもしれない。しかし、収益を分配することを目的としないＮＰＯ事業で得た資金はすべて社会貢献活動に充てるのが基本で、課税対象になるのは公共の担い手としてのＮＰＯの否定となる。

つまり、ＮＰＯに法人税をかけるという考え方はおかしいと吉田さん。「要は、この問題はＮＰＯとは何かの根幹に関わる問題であるにもかかわらず、ほとんど議論されないままなのです」

現在、日本では、税制上の優遇が見い出しにくいため、社会的起業はＮＰＯ、株式会社、一般社団法人など多様になっている。

さらに、社会におけるＮＰＯの役割が理解されていないと吉田さんは指摘する。

「最近では、行政の委託事業が８割というＮＰＯもあるが、それでは何のためにＮＰＯをやっているのかと言いたくなります。要は行政の下請けになっているわけです」

日本の「新しき公共」の歴史

日本ではバブル崩壊後の90年代後半から、「新しい公共」ということが言われ始めた。行政に頼る時代が行き詰った中で「新しい公共」が提唱され、競争と奪い合う社会から共生と相互扶助の社会への改革がテーマとなった。高度経済成長が終わり、これからの時代はマイナスを分配することが必要になっていく。その時にそのマイナスを市民が引き受けていくことが必要で、それを実現するには市民が行政を頼らないで自分たちの社会を担っていくという社会の実現が必要となる。

「『新しき公共』のためのNPO活動は、その町の自治を作り上げていく、社会教育活動なのです」

日本の歴史を振り返ると「新しい公共」は、大昔から存在していた。奈良時代の行基（ぎょうき）は、勧進（かんじん）活動で資金を集めて東大寺を建設した。

講義の様子

また、中世以前にあった「結（ゆい）」「もやい」という相互扶助の活動、中世の同業組合「座」など、「新しい公共」が存在した。

「実は、日本はネットワークの張り方を工夫しながら人が連携するということをやってきた社会なのです」

しかし、「新しい公共」の歴史的な流れは、近代の中央集権国家体制や昭和の戦時体制で崩壊してしまった。

今、「新しい公共」を復活させるために、ＮＰＯ活動が重要だと吉田さんは話した。

「日本のＮＰＯは、欧米型ＮＰＯをなぞっているだけで、日本の社会に日本型のＮＰＯをどう作るのか、日本社会の文化を背景にしたＮＰＯをどう作るかの議論が全然されていないのです。近年言われている〝新しい公共〟は、日本においては〝懐かしい公共〟ともいうべきもので、その根幹は社会教育の目的である自治の復活と同一です。つまり〝懐かしい公共〟の実現、自治的な社会を作るということがないと、中央ばかりが膨らんで税金がどんどん膨れ上がり極めて危険ということとなります」

NPO本来の仕事とは

景気が後退した90年代から、地域社会の関係性が薄れ血縁性も弱くなっている。この弱った部分を埋めているのが、実はボランティアの存在だ。

「日本では本来のボランティアの考え方が定着しなかった」と吉田さん。そのボランティアの意味を次のように具体的に解説した。

「日本では無償だということがボランティアの基本みたいな考え方がありますが、実は元々の言葉の中にはそういう意味はありません。地縁社会が崩壊し血縁社会が機能しなくなっているとき、人と人のつながりを作る方法としてボランティアというのがある。実はこのボランティアの力を借りて事業を起こして、コミュニティソリューションを作り出すのがNPOの仕事なのです。民主主義の基礎としての住民自治、これを担う市民意識を育成するのが社会教育の役割。これを

吉田さんが参加者のさまざまな質問に答える

ＮＰＯと置き換えていただくと一番分かりやすいです。地域の課題をＮＰＯが拾い上げて、市民の力を活用して解決してみせる。これがＮＰＯの本来の仕事なのです。有償か無償かは、どうでもいい話なのです。有償にすることによってボランティア活動が活発になるのだったら有償にすべきです」

最後に吉田さんは、ＮＰＯと社会教育の役割について語った。

「人と人との関係性の構築、コミュニティデザイン、つまり社会教育です。この活動を担うのがＮＰＯ。ＮＰＯは『新しい公共的問題解決』をはかるための手段なのです」

教育支援協会は設立以来全国に支部を育成し、ＮＰＯを担う人材を育成してきた。今は、各支部が独立し、地域の雇用を作り出し、地域の課題の解決に向けて活動を進めている。

「次の時代を担う若いＮＰＯの方々にはこれからが正念場なので、頑張ってもらいたい」と力強いメッセージを送っていた。

受講者の声・感想

日本ならではは、その地域ならではの風土等をもっと理解した上で　社会教育活動を作っていく必要性を、今一度強く感じさせられました。

『ボランティア』を他の表現にしていくことも、ＮＰＯと市民活動のつながりを作っていく方策となるのではと感じました。

ＮＰＯの果たす役割がよく分かりました。


印象的だったのは、『社会教育活動によりコミュニティが力をつける』という話でした。市民がコミュニティを大事にするという意識を持ち、力をつけていく具体的な学びが必要だと思います。

日本人は面識のない人を助けないというお話がありました。だとすると自分のコミュニティの中で、人との関係性を作ることが第一歩。それを醸成していくような大人の学び合いの場を作ろうと思いました。

受講者の声・感想

ＮＰＯの本来の設立趣旨について初めて知る機会となりました。

『社会教育の視点を持っていなければＮＰＯではない』とのお話に、ＮＰＯのあり方を再発見しました。

ＮＰＯの本当の意味を初めて知りました。今日参加できてよかったです。

小さい力ですが、関係性をうまく作れる一員になりたいです。

ＮＰＯが、地域活動、社会教育にとって大事だとわかりました。『新しい公共』を考えてみたいと思います。

人と人とのつながりをもたせることが現代では難しいことになっています。しかし、このつながりを大切にしないと、すべては回らないと思いました。

社会教育と図書館をしっかり結びつけて新しい『コミュニティ幻想』を作り上げてみたいと思います。

2020年２月14日

第５回

生活基盤としての
社会教育・公民館

ゲスト　牧野　篤さん
（東京大学大学院教育学研究科教授）

〈プロフィール〉
　愛知県生まれ。名古屋大学大学院教育学研究科博士課程修了。博士(教育学)。
　名古屋大学助教授・教授を経て、2008年より現職。
　中央教育審議会生涯学習分科会委員。

　専門の研究領域は、社会教育学・生涯学習論で、人が生活の営みを続け、成長していくことに現れるさまざまな事象を通して、社会のあり方を考え、人が幸せに暮らすために何ができるのかを考えること、とくにコミュニティの自律と住民の学習とのかかわりに関心がある。著作に『公民館はどう語られてきたのか―小さな社会をたくさんつくる・1』（東京大学出版会)、『公民館をどう実践してゆくのか―小さな社会をたくさんつくる・2』（東京大学出版会）などがある。

取材・写真　いとう啓子　編集部

ピンチヒッターとして急遽登壇

今日は、ピンチヒッターということで、あちこちで話をしていることを寄せ集めて持ってきました。「生活の基盤としての社会教育・公民館」をテーマにして、自治を再発明するというお話ができればと思います。今回なぜこのシリーズ講義を考えたかという背景の話にもなるかと思います。今村さんが予定されていた若者の話とはずいぶん違ってしまいますが、お聞きいただければと思います。

大きなテーマとしては、社会教育・公民館の可能性をもう一度拓きたいということです。さらに、生涯学習と社会教育は一体どんな関係になるのかを問うておきたいという思いもあります。第4回の講師をつとめて下さった吉田博彦さんがよくおっしゃるのですが、「生涯学習とか社会教育について、きっちりと概念規定をせずに来てしまっているのではないか」と。私もそういう思いを持っています。

もう少しいいますと、文科省がいわゆる行革や地方分権という政治の流れの中で、社会教育局を生涯学習局にしたところから何となくズレが生じてしまっているのではないか。このことを考えてみたいということでもあります。

今日2月14日(金)は、午前中から、文科省と当方の関係者で「共に学び、生きる共生社会コンファレンス」を開催していました。障害者のインクルージョンを基本にして、共生社会をつくっていくということをテーマに、全国的なフォーラムを行ったのです。

その一環でパネルディスカッションがあったのですが、そこでも、いわゆる障害者のインクルージョンにかかわって、生涯学習の機会を保証するということが、国連の障害者の権利条約にも書かれているが、そこでいう「生涯学習」と日本で一般に受け止められている「生涯学習」が同じものなのかどうなのかということが話題になるのです。しかし、実はそうではないと受け止められているのですね。障害者の権利としての生涯学習は、障害者も学び続けて、社会の中にきっちりと自分の位置付けをつくる、そして社会もそれをしっかりと認めて、共生していくということが予定されている。けれども、日本の生涯学習は、趣味・お稽古みたいな感じに受け止められてしまっている。

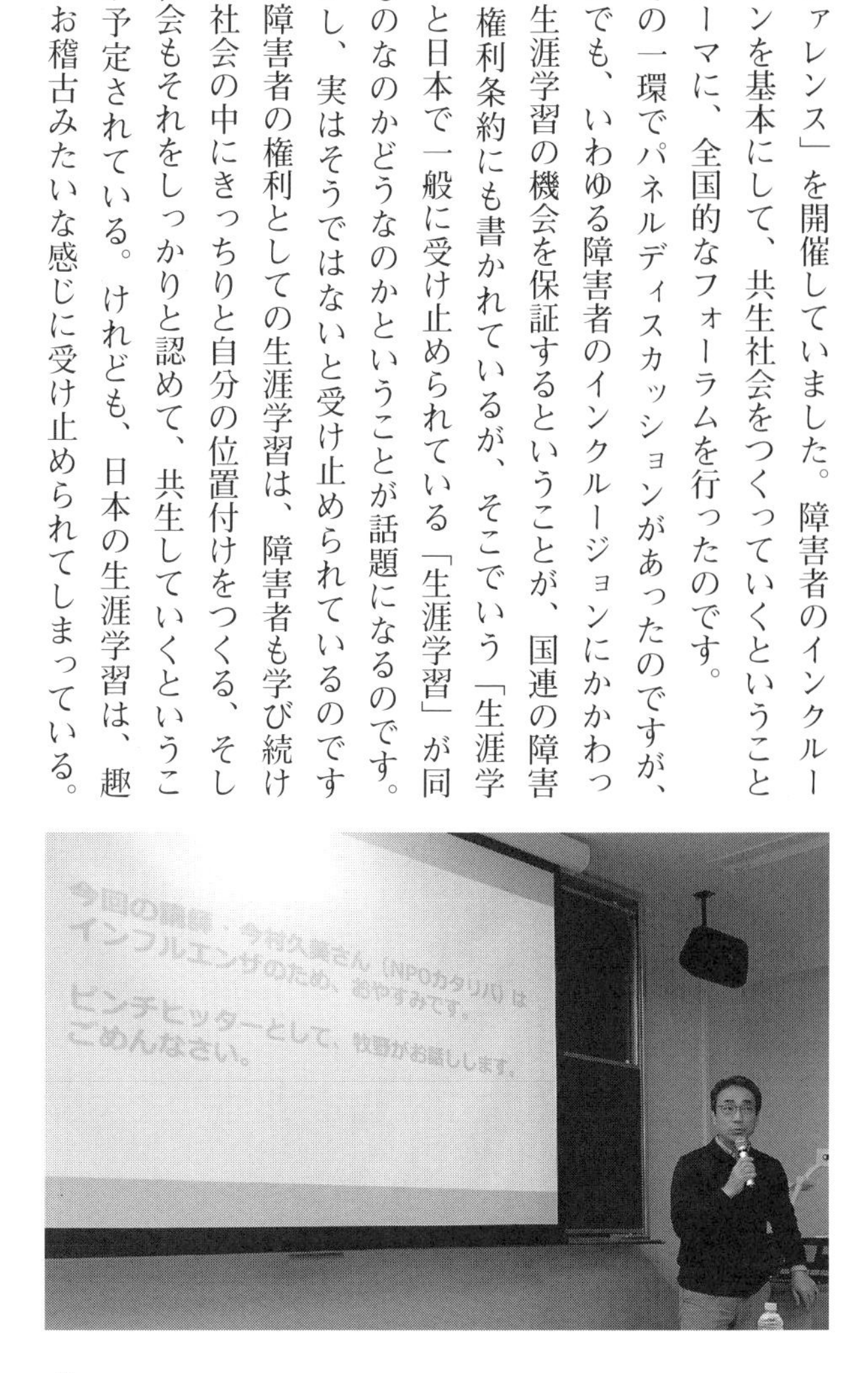

行政的にも、生涯学習の概念は、個人の必要に応じて個人がみずから選んで行う学習と規定されてしまっているわけです。

社会基盤としての社会教育の視点

その意味では、社会との関係をどうするか、自分が社会で生きていくとはどういうことなのかということがきちんと定義されない形で、何となく「社会教育の講座主義的なものが生涯学習に発展したんでしょ」、みたいな位置付けになってしまっている。しかも、文科省の社会教育局が生涯学習局へ再編されたことを受けて、地方自治体の社会教育課が生涯学習課に衣替えされたわけです。その結果、当初は補助執行で教育委員会から一般部局に生涯学習課が移り、さらにいまではほとんど完全に移管されてしまっているところがたくさんあるのです。教育委員会の中にいわゆる社会教育や生涯学習の担当の部署がないというところが今、実際にたくさんあります。そういう意味では、もう一度この辺りをきっちりと考え直しておかなければいけないのではないか。つまり、一般行政を含めて、社会基盤としての社会教育をどうとらえるのかという話をしなければいけなくなっているのではないかということなのです。

気の重い年明け「いじめ」の問題から

まず、最初に私の今年の経験をいいますと、気の重い年明けでした。昨年、ある自治体で子どものいじめ自殺があって、その対応がよろしくなかったということで、被害を受けた子どもの遺族の方々が訴訟を起こして、それをマスコミが取り上げて、批判が持ち上がるということが起こったのです。それに対して第三者委員会がつくられて検証作業を行ったのです。その結果が出て、報告会と市民シンポジウムを行うということで、ちょっと関わったこともあって、指定討論者として出てこいといわれたので、出かけて行ったのです。これが、今年の対外的な仕事始めでした。

話を聞いていると、学校の中におけるいじめは避け難く起こってしまう。いじめは、誰が悪いというわけではなくてどんどんエスカレートしてしまっていて、加害の側の子どもたちにも止めようがなくなってしまう。そういうことの中で最後に悲劇が起こってしまった。こういうことが手に取るようにわかるのです。それに対して検証委員会からは、学校のリスクマネジメントが不十分だったのではないか。教員が子どもたちと正面から向き合えない状態になっているのであれば、それはよろしくない。教員の感度を高める必要がある。さらにそれができないような勤務の在り方であるのならば、それは改善されなければならない。教員の多忙化の問題をどうするのかという議論になったのです。

それを受けて、シンポジウムですからパネラーの方がいらっしゃって、ＰＴＡの会長さんなどは、「自分の子どもだけではなくて、どの子もみな大事な子どもなんだからそれぞれの個性を認め合って受け入れていかなければいけない」という話をされたり、町内会長さんも「自分の子どもはもう学校に行っていないけれども、地域の大事な子どもなんだから、ちゃんとそれは認めていかなければならない、受け入れていかなければいけない」という話をされ、商工会長さんや会場のいろんな方々からも発言があり、最後に子どもたちが、「自分たちも見て見ぬふりをしてきたんじゃないか、見て見ぬふりをしない勇気を持たなければいけない」というような発言をして、ある種感動的な空間が出来上がるのです。

「死を考えなきゃいけないほど苦しいのであれば逃げなさい」への違和感

それを受けて、おまえ何かいえといわれたのでちょっと困りました。なぜ困ったのかというと、私はへそが曲がっているからこういう職に就いているのか、こういう職に就いているとへそが曲がってしまうのか知りませんけれども、違和感があるのです、ものすごく。それで、「すいません、挑発をします」といって、「皆さんここで今すごく感動的な空間が出来上がって、そうだそうだと思っていらっしゃるけれども、ここから一歩出たら忘れちゃうんじゃないですか」、と申し上げた。すると、会場がしーんとなっちゃったのです。困ったなと思いながら、「なぜこんなこと申し上げるのかというと」、と話をしました。

「学校の中でそういうことが起こったから、何とかしなければならない」といわれるのだけれども、これは「学校の中だけで解決することなのか」という違和感があるのです。例えばこういう事件が起こると、私たちのような無責任な第三者がマスコミなどによく書く文章があるのです。

学校というのは社会のひとつの制度でしかなくて、「行かなきゃ行かないで、ちゃんと学歴が取れる仕組みは他にあるんだから、だから死を考えなきゃいけないほど苦しいのであれば、逃げなさい」ということが、よく書かれるし、言われるのです。特に作家などは新聞などのマスメディアにそういう文章を書かれている。だけど、そういう呼びかけが子どもに届いているかどうかということもありますが、その結果、「子ども自身が学校から逃げていったことがあるのか」というと、多分ほとんどないのです。むしろ、多くの子たちは我慢し、いじめられ続け、それがエスカレートして、その結果、なかには死を選んでしまう子がいる。

例えば、ＬＩＮＥ外しみたいないじめが、ＳＮＳで起こるわけですけれども、ＳＮＳだって簡単に出入りできてしまうわけですから、そんなに「いじめられて死を考えなきゃいけないほど苦しいのであれば抜けなさい」というのだけれども、抜けることなく死を選んでしまう子どもたちがいる。一体これはどういうことなのかということを考える必要があるのではないか、という話をしたのです。

学校が、学校が、といわれるけれども本当にそうなのか。先ほど会場からみなさんがおっしゃった、「みんな違ってみんないい」という言葉、その「みんないい」って誰が決めているんですか。「個性を認め合いましょう」というけれども、個性って誰が決めているんですか、というようなことを問いかけたのです。

もう少しで東日本大震災から9周年ですけれども、あの後ずっといわれたのが、「助け合い」ですとか、「絆」ですとか、「みんな違ってみんないい」ですとか、「個性を認め合いましょう」ですとか、こういうことです。震災があったのが2011年3月です。その年の10月に大津のいじめ自殺が起こりました。13年にいじめ対策基本法ができています。12年から数字の取り方が変わったので、それ以前とは比較することが難しいのですが、その後、不登校といじめが急増して、毎年、数を更新し続けているのです。これってどう見たらいいのか。「社会が個性を認めましょう」といった途端に実はいじめが増え、不登校が増え、その後も増え続けているように見えます。

「みんな違ってみんないい」って本当？

私はある自治体の不登校対策委員長をやっていますけれども、もうやめたらどうかとずっといっているのです。そうすると教育長から叱られるのです。委員長がそんなことといっては困ります、と。40年も不登校対策をしているのに不登校はなくならないし、むしろ増えているのです。毎年新しい問題が起こり、一つの学年で減ると、他の学年で増える。いたちごっこです。何でこんなことになるのか。しかも子どもたちは学校に行けなくなるのですが、学校から降りることは絶対にしないのです。子どもたちは、学校を引きずったまま不登校になって、悪化していくと引きこもってしまったり、ということになっていく。「なぜ子どもたちが学校をこんなに引きずらなければいけないのかということを考えないでいいのか」という話もしました。

結局どういうことかというと、「この社会全体が、子どもたちにとってみれば、学校から出て、行く先がないと考

えたほうがいいのではないか。」「みんな違ってみんないいといわれるけれども、いいって誰が決めているのか。」自分が決めていることではないし、個性だって自分で決めているわけではない。誰かが評価をしているのではないか。そう、子どもたちには受け止められているのではないか。

『世界に一つだけの花』という歌があって、自分の花を咲かせればいいんだよと歌ってくれるけれども、咲かせればいいって、誰がいいっていっているんですかと考えていくと、周りがいっているのであって私ではないのではないか。もっというと、自分の花を咲かせればそれでいいんだよといわれた途端に、または個性を認めましょうといわれた途端に、評価されていることになってしまうのではないか。あなたはいい子なんだよ、または個性を認めましょう、というのは個性を評価されていることになるのではないか。自分の花を咲かせばいいんだよといわれるけど、じゃあ、咲かせられない子はどうするんですかと問うたことはあるのか。そう考えていくと、どうもそうではないのではないかということなのです。

今やＩＣＴの社会で、子どもたちは、人格をいろんなところから評価され続けて、さらされている感じになっているのではないでしょうか。そうすると学校から出なさい、逃げなさいといわれても、出ていく先がない。学校も地獄だけど、出ていっても地獄なのではないか。

そう考えると、私たちには社会というのがあるのか、居場所はあるのかということになると思うのです。そんなことを社会教育ということから考えていく必要があるのではないかということです。

「社会教育法成立施行70年」経過

社会教育法が成立し、施行されて、昨年で70周年でした。公民館が１９４６年につくられて、今年でほぼ4分の3世紀になろうとしています。公民館も後期高齢期に入りそうな感じになってきています。実は社会教育法をつくるときに、当時文部省の寺中作雄さんたちが法案を出したのですけれども、国会では、今では珍しいのですが、与野党こぞって反対だったのです。こんなもの法律で決めるべきではないと。社会教育法は公民館法と呼ばれるくらい公民館の規定がたくさんあるのです。その中でも一番やり玉に挙がったのが公民館運営審議会なのです。

こんなものをつくってどうするのだ、と。また戦争でも起こすつもりかと批判されたのです。どういうことかというと、公運審って今では民意を聞くとても大事な制度だということになっていますけれども、当時は、こういうところに地元のボスが入って、また住民を動員をするのではないかと思われたのです。それで反対されて、審議未了廃案になりそうになった。そこで寺中さんたちが、当時は占領下でしたから、GHQに成人教育担当官のネルソンという若い将校がいたのですけれども、彼のところに泣きついたといいますか、相談にいったのです。そうしたら彼がこの法案の英訳を読んで、こんなにいい法律はない、と。ある意味こんなに緩い法律はない。これこそが、社会教育の自由を守るために必要だといって、与野党の代表者を呼んで説得してくれたというのです。回顧録に残っています。社会教育法は、こうしてつくられてきたものなのです。

今でも、社会教育法を読まれると分かると思いますが、その内容規定はとても緩いものです。禁止事項が少ない、とても緩い法律なのです。ある意味では、権力の介入をできるだけ避けて、住民が自分たちでやっていくようにしなさいねという法律になっているのです。ですから、社会教育23条の禁止事項がありますけれども、あれも、現実の運用では多くの自治体で、金もうけはいけない、政治活動はいけないとか、教育施設だからあれこれやってはいけないことでいっぱいになっていますけれども、本来は基本的には何をやってもいいと解釈できるような条文になっているはずです。すべて、営利目的だけの事業や特定の営利事業者、特定の政党・候補者、特定の宗教や宗教団体の利益・便宜を図ってはいけない、となっている。特定とは、普通に受け止めれば、特に指定した一部の、ということですから、そうでなければ広くいろんなことをやってもいい、ということになります。今では、さらに厳しくて、飲食禁止とか、酒は飲んじゃいけないとか、教育機関だから、教育施設だからといわれますけれども、酒を飲まないで地元のことを語れますかという話なのです、本当は。

公民館は社会をつくる自治の基盤

戦後社会の基盤をつくるために公民館を置こうということになっていて、ＧＨＱは公民館を奨励したのです。これも日本側から持ち込んだものなのですが、ＧＨＱがこんなにいいものはないと評価してくれて、ぜひやりなさいと、勧めたのです。実はＧＨＱは隣組や町内会というのは住民を戦争に動員する組織だと思っていたので解散命令を出したのです。けれども、公民館は新しい社会をつくる自治の基盤になるものだという解釈をした。どういうことかというと、住民が公民館を使って、自分たちで地域のことを議論して、自分たちで地域を経営していくための拠点なのだと受け止められたということなのです。だからこそ施設中心主義で、団体中心主義ではないのです。施設をつくって、そこにみんなが寄って集まって、そこを場として、活動して、自分たちで地域社会をつくって、担い、経営していくための拠点として解釈されたのです。その意味では、一人ひとりが当事者になっていくと考えられていたと思うのです。それは、「家」を基本とした隣組や町内会ではなくて、個人を基本としたアソシエーションとして、地域コミュニティを再生しようとしたということでもあると考えられます。けれども、どうもその後、占領が解除されて主権が日本に戻るにつれて、そうではなくなってしまった、「家」を基本とした地域社会に戻っていってしまったということのように思います。

戦後75年問われているもの、問われ続けているもの

ちょっと端折りますけれども、これらの意味で、この社会を次の世代に伝えていくために、公民館や社会教育というものがあって、それをどう活用するかということが問われてきたはずだったのですが、いつの間にかそうではなくなってしまっている。このことを、今改めてとらえ返さなければいけないときに来ているのではないかということなのです。

一気に現在の話に飛びますけれども、この4月から改訂学習指導要領が実施されます。それからまた、この4月から、社会教育主事任用資格取得者に、社会教育士の称号が与えられるようになります。そんなことも含めた議論が始まって具体化してきたのが、5年前の2015年からです。

２０１５年の夏に次の学習指導要領の検討をするときに、社会に開かれた教育課程という議論が出てきました。それは、学校における教育課程、これが学校では完結しませんと中教審の教育課程企画特別部会がいいだしたということになります。ここは日本の教育行政の本丸なのです。カリキュラムをつくるところです。そこが、学校で子どもたちの教育を終えることは不可能だといい始めた。それを受けて４カ月後ですけれども、12月に中教審から一気に３つの答申が出されたのです。

コミュニティースクールが提唱されて、この３つの大きな答申が出されたことになります。私もこの地域学校協働答申にかかわっています。１つが「教員資質向上」答申と呼ばれているもので、アクティブラーニングを提唱しています。そのために、先生のあり方を変えましょうということです。つまり、教える先生から、子どもに寄り添って一緒に探究する先生に変わってくださいということになります。アクティブラーニングも直訳すれば「活動的な学び」ということになりますが、少し意訳をしていて「主体的で対話的な深い学び」ということになっています。

ですから、一方的に教えられるとか教えるという関係ではなくて対話を重視する。自ら学んで、人と対話をし、さらに探究をして深い学びを実現するということがいわれていて、先生の教え方も変えましょう、と。これを受けて教職免許法と教育公務員特例法が変わりました。この4月からそれぞれの大学もこれに準じた教員養成のカリキュラムに組み替えてあるはずです。

それから2つめは「チーム学校」という答申で、先生たちの多忙を何とか解消しながら、先生が教育の専門職として活躍できるような学校の組織の在り方へと変えてくださいという答申です。例えば、いままでも学校には心理職としてスクールカウンセラーが入っていますけれども、福祉職としてスクールソーシャルワーカーを入れて、子どもの貧困など福祉的な問題は専門家に任せてください、と。それから部活動の指導員なども地域から求めたらどうですかとか、学校の在り方をチームとして考えながら、先生方が教育の専門職として子どもときちんと向き合えるような学校の仕組みをつくれませんかという議論になっています。これも法律が変わっていますから、スクールソーシャルワーカーも今は制度化され、あちこちで採用が始まっています。しかし、問題はソーシャルワーカーの資格を取っている方はたくさんいらっしゃるのですが、なかなか経験が足りなくて、学校現場で十分に使いこなせないという議論が出ています。しばらく経つ中でそれも解消されるのではないかと思っています。

あと3つめは「地域学校協働」答申です。これは、地域と学校の関係を組み替えましょうという答申です。先の２つの答申を受けて、今までは学校支援地域本部といって、学校を地域が支えることを基本に、学校の中で教育課程を完結させましょうといってきたのですけれども、もうそれが無理だということになって、学校と地域が車の両輪のようになって協働しながら子どもを育ててくださいという話になったということなのです。

今までは地域の方が学校に入っていって、子どもたちに「お話を聞かせたり」とか「過去の経験を伝えたり」とかされたのですけれども、そうでなくて地域に子どもを出してくださいと、基本的には。あとは「学校で学んだことを地域に応用するような関係をつくってくださ い」とか、それをベースにしながら「地域の在り方も変えてください」というのがこの答申の大きな考え方なのです。

それで、これまであった学校支援地域本部というものを地域学校協働本部に変えましょう、そして学校と地域の関係を取り持つコーディネーターを置きましょうということになって、社会教育法が変わって、地域学校協働活動推進員という名称が付いています。この推進員が学校運営協議会にも参加することが考えられています。それから、学校教育法はまだ変わっていませんが、学校の中にも地域との連携を担当する教職員を置くことが可能になっています。そこに社会教育士を取った方々が活躍できるのではないかという議論があります。

「人口減少時代の新しい地域づくりに向けた社会教育の振興方策について」中教審答申（２０１８年12月）

こんなことを議論してきて、その３年後２０１８年の12月に今度は、社会教育施設、つまり公民館、博物館、図書館や相当施設を特例的に一般行政に移管しても良いという内容を持った答申が出されて、さらに社会教育法は分権一括法案の中に組み込まれて改正が終わっています。これに対してはいろいろ批判もされました。私もつくった側にいるので批判をされているのですけれども、なぜこのような答申が出されることになったのか、ということなのです。

現在、博物館は既に文化庁に移管になっていて、文科省の直轄ではなくなっています。ただこれも、当初教育施設ではなくなるのではないかという議論がなされたのですが、これが行われた結果、（いい話しかしませんが）例えば上野の国立博物館では夜間開館が始まりました。また、視覚障害の方々のために、時間を延長して、全館の照明を点灯して、明るい環境で、絵画を鑑賞していただくという試みも、いくつかの美術館で始まっています。

裏話があるのです。「人口減少時代の新しい地域づくりに向けた社会教育の振興方策について」という諮問が文科大臣から出て、これについて中教審で議論しろといわれて答申を出したのです。この諮問の背景に何があるのかというと、とても分かりやすい話なのです。社会教育施設は遊んでいるのだからもっと金をもうけろといわれたというのです。博物館も郷土資料館もいわゆる観光施設として使えといってきたのです。その気持ちは分からないでもないけれども、ちょっとそれではあまりにもあけすけで、身も蓋もない、恥ずかしいじゃないですかという話で、だったらそれを逆手にとって組み替えて、という話になって答申が出たという一面があるのです。

国立博物館では夜間開館　博物館が変わった

話を戻します。博物館の夜間開館は、学芸員の方々は嫌がると聞いたことがあります。勤務時間が長くなりますし、大学もそうですけれども、人の補充がないままでやらなければならないので、負担が増えるからなのです。民間企業の方々からは何を甘えているのか、といわれそうですが、展示だけが学芸員の仕事ではなくて、バックヤードでの調査・研究・保存、そして教育普及なども仕事ですから、表に見えているだけではないのです。ですから、気持ちはよくわかります。それで、夜間開館で、国立博物館が何をやったのかといいますと、弱視の方々、視覚に障害を持った方々のために、夜間に館を明るくして鑑賞していただくということを始めているのです。皆さん、博物館や美術館に行かれて、分かっていらっしゃると思いますが、博物館って暗いですよね。暗くして展示物にスポットを当てているのですが、光が弱いので、視覚に障害のある人には、よく見えないのだそうです。その方々に来ていただくために、夜間、館全体を明るくして、じっくり観てもらう取り組みを始めているのです。そうしたら1日に500名とか600名とか、大勢の人たちが来館するようになった。従来の教育施設では、それはできなかった。夕方5時、長くても金曜日の8時まででで閉館でしたので、できなかったのですが、それができるようになったということで、担当の方々も喜んでいるというのです。そういう工夫ができるようになってきたという面がある。これは文化施設としての活用の一例ですけれども、なぜ、つまり社会教育施設の一般行政への移管を特例的に認めたのかということも含めて、お話しできればと思います。

実は2018年の答申（「人口減少時代の新しい地域づくりに向けた社会教育の振興方策について」）をつくる過程で、こういう文言が議論されているのです。答申の大きなテーマは「開かれ、つながる社会教育」。そして方向性は、「社会教育を基盤とした人づくり、つながりづくり、地域づくり」だというのです。これは文科省の担当職員が私たちの議論を聞いて、こういう文言を考えてきて、答申の中に組み込んだのです。もちろん、審議会でもこの文言は議論されています。

それで、この文言に対して、これは私からですけれども、この文章は悪くないけれども不安があるという話をしたのです。「社会教育を基盤とした人づくり、つながりづくり、地域づくり」といいますが、社会教育という部分を各省庁がやっている施策と入れ替えてもほとんど違和感がないのです。例えば、総務省が考えている地域運営組織です。この公開講座の第３回目に来ていただいた小田切徳美先生が牽引されている施策で、小田切先生は、だから社会教育のファンだと言われ、自分は公民館のストーカーだと言われたのですけれども、この地域運営組織がきちんと動いているところは、社会教育活動がしっかりしていて、公民館がしっかりしているところがとても多いのです。

しかも、今年の１月の末に全国公民館連合会の公民館セミナーが行われたのですが、このセミナーは毎年年明けに行われているのですが、そこに事例報告に来られたのは高知県南国市の稲生という地域の地域運営組織の方々で、公民館を活用し地域をみずから経営しているという事例発表をされたのです。こういう事例が公民館セミナーで発表されるくらいなのです。その意味では総務省の地域運営組織と公民館活動や社会教育はとても親和性が高いのです。

各省庁が注目する公民館

では、地域包括ケアを唱えている厚労省はどうなのかといいますと、実はすでに厚労省は「地域包括ケア」とはあまり言わなくなっていて、「地域共生社会づくり」と言い始めているのです。地域共生社会づくりと人づくり、つながりづくり、地域づくり、といっても全く違和感がありません。

それから国交省も、このところ激甚災害が頻発していますから、地域防災計画を立てて、防災システムをつくろうとしていますが、あまりうまく動かないのです。それで、災害があるたびに、あちこち調べていったら、あることが分かったと言うのです。例えば、すこし前に起こった北海道の胆振地震の後、地元に調べに行ったのです。そうしたら、避難所がうまく経営されているところが幾つかあることが分かった。どこかというと、公民館活動がしっかりしているところだというのです。それで、国交省も公民館を活用した地域防災計画と言い始めているのです。

さらに、経産省までが「未来の教室」という事業を始めていて、文科省は蚊帳の外に置かれている感じです。この間、担当課長と話をしたのですが、経産省は今、全国に30拠点ほどつくっていて、地元の自治体と組んで学校の中やフリースクールなどに個別学習のクラスをつくらせて、そこに一人一台タブレット端末を与えて個別の教育を始めているのです。担当課長に言わせると、「こういうのが広がれば、いじめもなくなるし、不登校もなくなる。学校が一斉授業なんてやっているから嫌になって、来なくなっちゃうんですよ」、と。「とにかく一人ひとりの個別学習で最適化していけば社会は良くなる」と言い張るのです。

社会教育予算が見えにくくなる

それを受けて文科省はＧＩＧＡスクールと言い始めて、今年度（２０１９年度）の補正予算で２４００億円ほど付いています。文科省全体の予算があって、生涯学習政策局ではなくて総合教育政策局の予算ということになったために、従来の社会教育予算が、様々に領域融合的に使われるようになったようで、どこまでが社会教育なのかがよくわからなくなっています。地域学校協働活動や学校を核にした地域振興という事業にはかなりの予算が付いていますが、いわゆる社会教育振興予算ということになると、削られたというのか、見えにくくなってしまっています。２０１５年の地域学校協働答申から続く政策を実施するようになっているといえば、そうなのでしょうが、この答申の眼目は、学校だけではなくて、むしろ地域を強くするための学びをどうするのか、ということでしたから、それが議論にならなければならないのに、文科省では、そのあたりが弱くなっている感じがします。とくに公民館や社会教育に対して、他の省庁が熱いまなざしを注いでいるのに対して、あまり関心がないように感じます。あまり言っちゃいけませんかね（笑）。

ＧＩＧＡスクールについては、「学校そのものが集団的な教え方をやめましょう」という議論になってきていて、文科省がそちらへ動いたものですから、各地の自治体がとにかくタブレット端末を一人に一つずつ与えるために予算をどうするのか、教員の研修はどうするのかということになって、そうなると今度は企業が一所懸命売り込むわけです。そんなことが今あちこちで起こっています。

学校が今や草刈り場になっている。そういう話と「人づくり、つながりづくり、地域づくり」って親和性があるのです。経産省はさらにここから「半径50センチ革命」と言っていまして、子どもの手が届く範囲の50センチ以内のおとなたちに影響を与えて、地域経済を何とかしようという考えまで出してきています。これも、「人づくり革命」「生産性革命」政策の一環かもしれません。

さらに、まち・ひと・しごと創生会議も「小さな拠点づくり」といっていて、これは全く「人づくり、つながりづくり、地域づくり」なのです。

こうなりますと、「社会教育を基盤とした人づくり、つながりづくり、地域づくり」といった途端に、実は他の省庁がやっているよといわれてしまうのです。それでも社会教育でなければならないのはなぜかということを文科省は主張できるのかと質問したのですけれども、残念ながら、その時は明解に答えてもらえませんでした。

社会教育の固有性はどこにあるのか

つまり、社会教育の固有性はどこにあるのかということなのです。社会教育は社会教育ではないところから社会教育の実態をつくられてしまっていて、文科省が手を出せなくなっているところがあるのではないでしょうか。私たちはそれでも「社会教育でなければならない」と「どこで言わなければいけないのか」が問われているのです。

私が思うのは、社会教育の歴史を見ていくと、学校教育との関係で捉えられているところがあって、それは近代社会に入ってからの話なのですが、そのことは、今日は置いておきますけれども、社会の現実から見れば、私たちが社会として生き延びていくために、実は、社会教育はなくてはならないものであって、何か目的を持ってしなければいけないもの、するべきものではなくて、当然のごとくなければいけないもの、目的ではなくて、社会基盤としてあるべきものなのではないかということなのです。

その意味で最近、あちこちでお話ししているのは、それに対してもいろいろ意見は聞いていますが、社会教育に目的があるわけではなくて、社会教育がしっかりしていて、住民が自分たちで自分たちのことを取り回しをしていく、つまり自治を鍛えることでこそ、実は社会が目的を持てるようになるということなのではないか。そうした点をしっかりと押さえておかないと、気が付いたら社会教育は全部他のものに取って代わられていたということになるのではないか。こういうことなのです。

政策はそれぞれ目的を持ったものなので、社会全体が目的ごとに分割されていってしまう、そうするとこの社会の基盤が弱くなってしまうのではないかということを心配するのです。予算を見ると、そのことは明らかなのではないかと思います。あえて言えば、「社会教育は社会を永続させるためのもの」であって、特に目的があるものではないと考えたほうが良いのではないかということなのです。

社会教育は社会を永続させるためのもの

戦前の社会教育は、基本的に社会統制のためのものでした。市場からこぼれ落ちた人々を包摂しておいた上で、学校教育に乗せ直したり、市場に組み込んでいったりするためのものであったのですが、それだけ見ても、社会をきちんと維持するためのものなのです。日本の場合、とくに、家庭と社会や企業が学校経由で結び付いていて、学校教育を通して自分の将来の生活を高めていこうと民衆を動員できるように制度がつくってあるのです。それは立身出世主義と呼ばれますが、進学競争が激しくなる原因にもなります。しかし、それが激しくなると、社会は分断されていってしまいます。勝ったもの負けたものが出てきてしまったり、階層が分化していったりしますから、こぼれ落ちた人々をすくい上げてもう一度競争に乗せてやる、または学校とは異なるルートで仕事に就けてやる、さらには子どもを学校に行かせるように親を教育する必要がある。そういうものとして、社会教育はあったのです。

戦後は違う方向になりました。戦後は、人々が文化教養を高めて、地域を自ら経営するためのものとして、社会教育は公民館を基本として、新たに出発しました。しかし、戦前から社会教育は学校教育や経済が壊していく社会や分断していく人々の間を補修して、人々を社会に回収し直すためのものとしてあったという面があった。そうであれば、少し乱暴ですが、社会教育は戦前から社会をきちんと保つためのものとしてあったといえるのではないか。それが戦後に、改めて、行政的にというよりは、むしろ私たちが草の根から使い返していくことによって、生活基盤を整えるものとして組み換えられたのではないか。そして、昨今の状況を考えると、住民が社会教育を使いこなして、行政基盤を立て直していかないと、これから厳しいのではないか。その意味で、社会教育は社会基盤なのではないかということなのです。

社会教育は一般行政の基盤をつくるもの

なかなか中教審の議論では分かってもらえませんでしたけれども、そういう意味で社会教育は一般行政に優越していなければいけない。一般行政の基盤をつくるものなので、だからこそ一般行政に取り込まれてはいけなくて、優越しているべきなのです。それだからこそ、一般行政から距離を取って、超然としているということではなくて、社会教育的なものを一般行政に浸透させることによって、もっと住民が地域経営に関わるようになるといったことを考

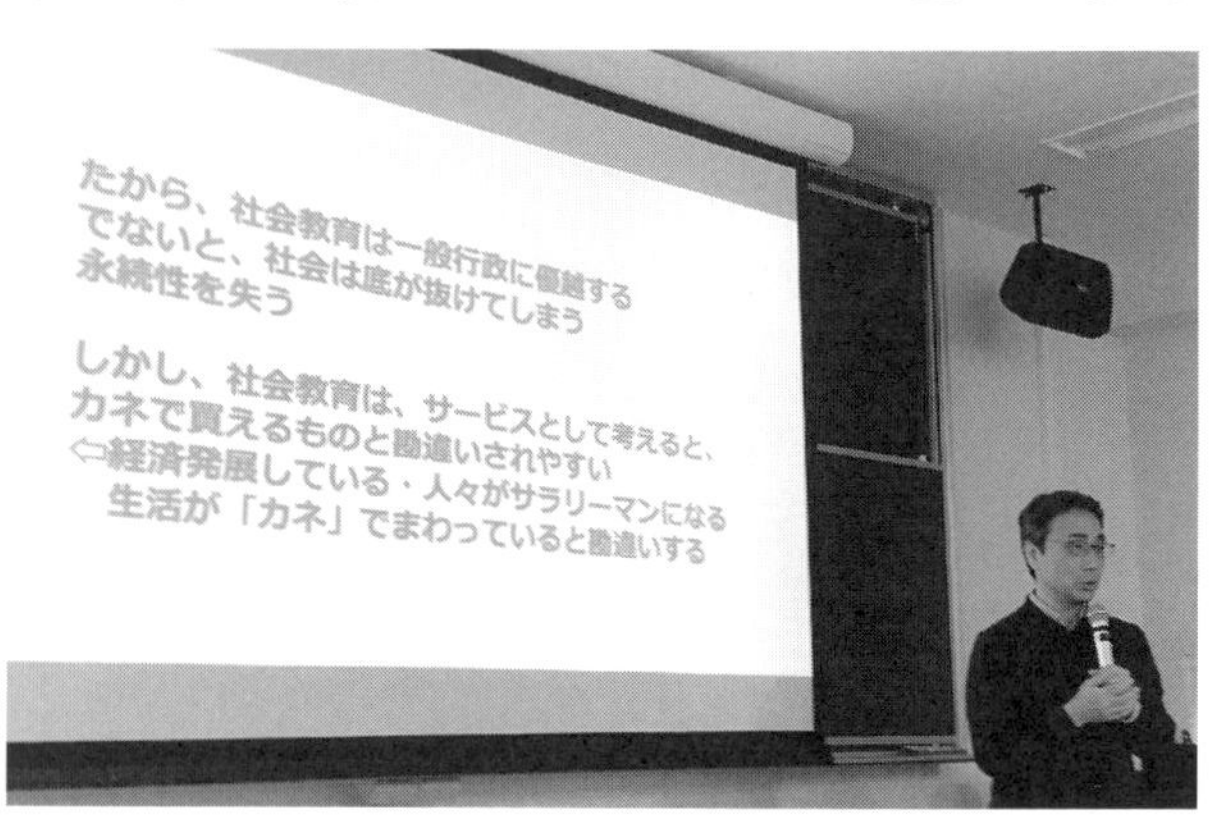

えなければいけないのではないか。それがなされないと常に行政サービスを住民に提供し続けなければならなくなってしまう。住民は要求する権利を持ちますが、要求してサービスを提供しろと言っている限りは、行政に対して依存することになってしまう面があります。そうすると、財政が厳しいとかいろいろな理由で、サービスが提供されなくなると、住民が文句を言い始めてクレームが付くようになる。すると、行政は疲れてしまいます。行政といっても担っているのは職員、人ですから。そうではなくて住民が自分たちで地域経営を担っていく基盤をつくっておく。その上に行政が乗っかるということにしておかないと、この社会は底が抜けてしまうのではないかということなのです。

地域の「茶の間」としての公民館

では、公民館はどう構想されたのかということです。もともと公民館はこの図のようなものとして考えられていて、それを普及するために図説がつくられました。『公民館図説』といいます。この6枚の絵がよく使われます。民主的な社会教育機関、民主主義の訓練場と書かれてあって、さらに産業振興の原動力といわれています。つまり、金もうけをしてもいいですよといっているわけです。やってはいけないのは、特定の営利企業のために便宜を図ってはいけないということだけです。住民が自分たちで物産展をやって、金もうけをするのは構いませんということです。そして、郷土振興の機関です。みんなで自分たちの村興し、とくに生活をどうしようかと議論して、自分たちで地域を興していく。そのための機関でもある。さらに文化交流の場です。いまでも、多くの公民館で文化祭をやったり、運動会をやったり、いろんなことをしています。地域間交流も盛んです。そういう場所でもあるということなのです。

私はこの絵が好きなのですが、村の茶の間ですと書いてあります。親睦交友を深める施設ですとあります。ここにおじいちゃんおばあちゃんがいて、こちら側に若い旦那、いがぐり坊主の孫がいて、その向かいに、頭だけ見えていますが、たぶん孫娘がいる。そして、こっちに赤ちゃんを抱えた若奥さんがいる。この絵を学生に見せると、こんなところでおっぱいやっていたのですか、恥ずかしい、とか言われるのですけれども（笑）、ちょっとそれは置いておいても、ここには少なくとも三世代描かれていますね。もしかしたらこの子は四代目かもしれない。つまり、親

睦交友を深めるのだけれども、実はここに地域社会を世代間で、次世代に伝えていくということが描かれているのです。社会を次の世代に伝えるための施設だということなのです。

「寺中構想」の目指すもの　公民館は青年育成の機関

寺中構想と呼ばれる公民館構想が書かれている寺中の著作『公民館の建設』の中にも、公民館とはどんな施設なのかが書かれている一節の最後の一番長い文章に、公民館は青年の育成に最も関心を持つ施設である、と書いてあるのです。自分たちの故郷や社会を次の世代に伝える、つなげていくための施設としても、公民館は置かれていたのです。こういう考えといいますか、感覚が戦後の経済発展の過程で、どこかへ行ってしまったのではないでしょうか。公民館の歌、知っている方いますか。底抜けに明るい歌詞なのです。曲調も『青い山脈』みたいで、ウキウキする感じです。YouTubeにありますから聴いてみてください。

あまり言い過ぎると叱られますが、極論を言えばこんなことになっているのではないでしょうか。公民館はあまりにも「教育」になってしまったのではないか。教育ということをベースに考えれば一般的には「べき論」が先行して、こうすべきだ、ああすべきだということになる。そういうことが先に措かれてしまうので、結果的に、伝達や教授とか講座中心主義的になってしまう、つまり知識の提供とか教育サービスの提供ということになってしまって、その形を変えないことで保っていこうとする力が働くようになってしまっているのではないでしょうか。

言い方を変えれば、サービスを提供して住民が依存するという関係をつくってしまうのではないか。このことを、利用者の方々と議論していると、税金を払っているのだから、サービスをよこせと、こういう話になることがよくあります。でも、税金を払ってサービスを買っているのでしたら、それは売買なので、サービスは要らないから税金を払わないと言えるのではないかと思うのですが、どう思われますか。

公民館は自治の基盤をつくっていく

こういう議論が通ると、分からなくなってしまうのです、なぜ納税が義務なのか。別に、サービスを買うために、税金払っているわけではないのです。一人ひとりの住民が自治のメンバ

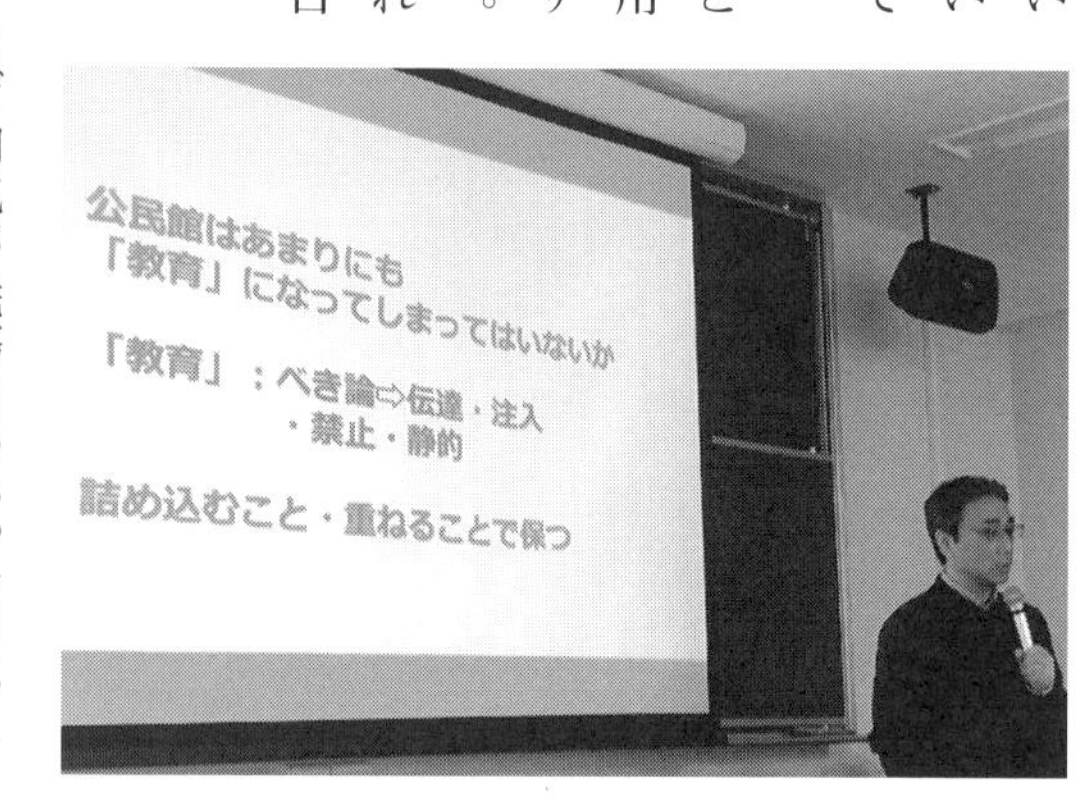

ーシップを持っているからこそ、自分たちが集団としてこの社会を維持するためにお金を払っているのであって、自分のために、サービスを買うために支払っているわけではないのです。それがふるさと納税みたいに、何かくれるということが制度化されてしまうと、税金払って、エビとかカニとか和牛とか、特産品を買っているみたいな話になってしまいますけれども、あのやり方はおかしいです。

税金を払うことがサービスを購入することみたいになってしまっていて、自治のメンバーシップを持っている者として社会を維持する、そういう責任を負っているし、この社会を次へときちんとつなげていく責任と義務がある、しかもそのためにこそ権利があるという議論にならなくなってしまいます。

むしろ、「学び」を基本にして、学ぶということはみずから意欲的に対話や創造そして変化を促していくわけですから、何もしないことや現状を維持することで社会を保とうとするのではなくて、変わり続けることでこそ実は持続可能になっていくのだという社会のつくり方にしていくことが求められるのではないかと思います。そういうことこそ、やらなければならないのではないでしょうか。

しかも、学ぶことでいろんなことが自分事になっていきます。他人事（ひとごと）が自分事になっていくという人々の相互関係が、自治の基盤をつくっていくことにつながります。そこでは、お互いに配慮しあいながら、みんなと一緒になっていろんなことを実現し、自分の思いを達成していくことが楽しい、という関係をつくっていくことが大事になるのではないかと思います。

地域と学校が連携を取りながら次世代育成を

一般行政に教育的なものを組み込んでいって、住民が地域コミュニティをつくり、担うことで、一般行政そのもののあり方を変えていかないと、財政も逼迫し、人々の価値観も多様化していく中で、行政がサービスとして自治体を維持することは難しくなってきているのではないかと思います。

その意味では、きちんと次世代を育成しなければならないし、彼らにこの社会をつなげなければいけない。しかも、文科省に社会教育があるということは、大きなメリットがあるはずなのです。文科省は学校を持っていますから、今は経産省が関わりを強めてきていますけれども、しっかりとそこで連携を取ることで、次の世代を育成することは可能だという議論ができるはずです。

この意味では、地域と学校が連携し、次の世代をしっかりと育成しようというのが、15年の答申の心であって、さらに18年の答申では、その考え方をもっと一般行政に浸透させていって、住民が自分たちで地域のコミュニティーを維持しよう、またはつくり上げよう、経営しようという話につながるはずの議論なのです。

コミュニティーをつくる公民館

そういうこと、つまり社会教育がこの社会の基盤となることで、先ほどお話しした各行政領域でやろうとしているようなコミュニティーをターゲットにした施策がうまく回るようになる。そうしたことを考える必要があるのだろうということです。

その意味では、公民館のウイングを広げていくことが大事になるのではないか。ですから条例が廃止になって公民館が一般部局に移ってしまったから、もうこれは教育施設じゃないといって放っておくのではなくて、むしろだからこそ住民が積極的に使い返していって、その施設を公民館的に使いこなしていくことが求められるのではないか。教育委員会も、それはもう教育ではないといって、捨てておくのではなくて、ちょっと関わらせろと言ってもいいのではないか。そういうことなのです。ですから、答申でも教育施設として使うことを条件に、しかも教育委員会がかかわることを前提で、特例的に一般行政に移管してもよい、としてあるのです。移管せよ、といっているわけではありません。

専門職としての社会教育主事、社会教育士

さらに専門職をどうするかという議論になったので、社会教育士という称号を新設しようということになりました。主事の制度があるのですが、社会教育士の新設は、15年の答申の中に地域と学校を結ぶコーディネータの提案があって、それを受けて主事養成制度の見直しが進められ、17年に中教審の検討会で見直しが提言されて、その後、18年の文科省令改正で称号として授与されることとなりました。この主事の制度を何とかしなければいけないという議論は最近の話ではなくて、もうずいぶん前から何度も繰り返してきたのですが、ようやく形になったという感じです。

社会教育主事をお持ちの方いらっしゃると思いますけれども、私も主事の……あ、資格とは言えないのですね、主事になれる資格は持っているのですけれど（笑）。発令されなければ主事とは呼べないというちょっと変わった資格なので、任用資格を持っていてもなかなか発令されなくて主事になれない。しかも、ポストがほとんどない。それで廃止したほうがいいのでは

ないかという議論がずっとあったのです。

国家資格ですから、なかなか任用されないのであれば、廃止したほうがいいという議論もありました。取得しても、本人にとっても役に立たないという話もかなりあったのです。そういう問題が指摘されるたびに、なんとか役立つ制度に変えようという議論をやって、そのたびに検討会議をつくるのですが、なぜか全部つぶれてしまって、最後にとにかく何とかしなければ、ということになって、15年から17年にかけてだったと思いますが、議論をして、資格は残すことにしたのです。なぜかというと国家資格をなくしてしまうと、今後、必要になったときに、今のこの分権の流れですとつくれないのです。復活できないのであれば、維持した方がよいのではないかということで、維持した上で、使ってもらえるようにしなければいけないのではないか。こういう話になったのです。

主事配置の規定では、都道府県と市町村教育委員会に置くとされていて、必置ですし、都道府県教委が市町村の求めに応じて市町村教委に主事を派遣する派遣主事制度があったのですが、財政措置が交付金から一般財源化されたこともあって、制度を置かない都道府県がほとんどとなってしまいました。また、２０１２年には全国市長会から市町村への必置を廃止する提言が出ています。それを受けて、中教審で社会教育主事のあり方について議論を続けてきたという経緯があります。いまでも、法律上は必置なのですが（主事補は任意設置）、とくに市町村教育委員会への配置はどんどん減っているのが現実です。いまでは、多くの都道府県教育委員会に一名置いて、指導と助言をすることになっているのが実態なのですが、そうではないでしょうと。もっと活躍できるようにするべきではないか、という議論になったのです。

学びのオーガナイザーとしての社会教育主事

むしろ先ほどからの話でいえば、主事のような方々には、もっと現場に入って住民の学習を組織する力を持ってもらわなければいけない。指導、助言者からオーガナイザーに変わってください、ということなのです。

そして「学びのオーガナイザー」という位置付けに変えた上で、もっと使ってもらえるものにしなければいけない。発令されなければ主事になれないなんていっていては駄目なので、それなら発令されて主事としては任用されていないけれども、専門職だと分かるようにすべきだという議論になったのです。新たな資格にすると、法改正が必要となるので、時間がかかる。そうであれば、省令改正でできる称号を付与しようということになって、社会教育士という称号が設けられ、授与することになりました。

ですからこの４月（２０２０年４月）から社会教育主事講習を受けたり、大学で課程を取ったりして、規定単位を取得した人は、社会教育主事任用資格と同時にもれなく社会教育士という称号が授与されることになっています。文科省の省令改正が終わっていますから、公的な称号です。履歴書にも書けますし、名刺に刷り込んでも全く問題はありません。私たちみたいに過去に取った者も、カリキュラムが変わりましたから、主事講習で変わった分だけ４単位取ればこの称号が授与されることになりました。

社会教育主事のカリキュラムが変わった

文科省も、それはそれで大変なのです。社会教育主事の課程申請の処理をひとりでやっていらっしゃるので。社会教育についての指導・助言という役割から、学びのオーガナイザーとしての役割へと、社会教育主事の立ち位置が変わり、カリキュラムが変更になったため、大学が課程を変えなければならないのです。基本的には、開講科目を変えて、新たな課程を編成しなければならなくなったのです。つまり、主事課程については全部、審査し直しなのです。その事務を文科省では全部ひとりでやっている状態なのです。

しかも、大学の主事課程ではなくて、主事講習も、各地の自治体で社会教育主事と社会教育士を取らせたいとおっしゃるのですが、主事講習は実施大学に補助金を渡してやっているので、定員があってそれ以上増やせないという議論になってしまっているようなのです。また、すでに主事任用資格取得者で、社会教育士を取りたいという人たちのために、受講を認めてもらえないかと大学に打診しても、あまり色よい返事が返ってこないというのです。大学も、主事講習を開講する負担が大きいと感じているようなのです。それで何とかならないかと、私も各地の関係者から叱られていますが、なかなか難しいといわれます。審査については、もっと人がいれば何とかなると思うのですが、ひとりでやっていらっしゃるので大変なのです。

このような中、新しい動きが出始めています。

北海道の……、これ話してもいいですよね。

参加者：北海道ですか……?。

牧野：やめたほうがいいですか?

参加者：いや、あの……お話しできることもいっぱいあると思います。

牧野：実は、北海道庁は社会教育を通した地方創生ということを考えていて、主事の育成に力を入れようとしているのですが、大学も含めて動きがよくない。それで、教育委員会が業を煮やして、主事講習をわれわれがやると言い始めたのです。40日間の缶詰講習ではなくて、日程を分けて、しかも7振興局、道内の7つの振興局がありますからそこで拠点を設けて、さらに遠隔教育でやることにして。文科省が問題ないと言っているので、来年度から教育委員会主導でやると、今日、連絡がありました。まだ言っちゃいけませんか？

参加者：いろいろ補足したいところはありますけれども（笑）。

牧野：そういうふうにして広げていかないと、広がらないですよね。今までみたいな形では、いろいろなところが負担を感じていて、思うように動けない感じです。私の気持ちを言えば、基本的な座学の部分で、誰が話しても同じような内容になるというところは、もう放送大学で行えばいいと思うのですけれども、なかなか今のところ動かないですね。ただ、その座学部分も、本来は、各地の実践の具体的な状況があって、その必要と照らし合わせて、受講者が学びのオーガナイザーとしての力をつけるために、地元の課題その他に気づくという重要な役割がありますから、全国一律でよいのかというと、またそこは考えなければならないのかも知れません。

制度ができてから3年間の猶予があったので、その間にきちんと実施できるような準備をしておかなければいけなかったのですが、文科省の組織改編などもあって、そうはなっていないということなのです。（北海道は、その後準備を進めて、2020年度に2つの日程に分けて、

遠隔で主事講習を行うこととし、すでに実施されています）

学習指導要領、大学入試が変わる

学習指導要領も大きく変わります。この間、吉田博彦さん（第4回講師）が怒っていましたが、萩生田大臣の問題発言で、大学入試の改革が5年から10年逆戻りしてしまいましたが、英語の民間試験の導入の問題は問題として、もともとの趣旨は、入試の一発勝負をやめようというところにあったはずです。一発勝負というのは、到達度といいますか、学んだ結果を見ることしかできないからです。入試改革は、学習指導要領の改革と連動しているのです。来年度からどんなふうに変わるのかといいますと、実はものすごく量が多くなります。検定が終わった小学生6年間の教科書は1万ページを超えるといわれます。現場の先生方には、こんなにたくさんの量は、学校では絶対に終わらないという人がいますが、終わらないようにつくったとも言われています。

その中でも、マスコミが騒いでいるのは「プログラミング」と「英語」なのですが、なぜそれが入っているかというと、体験活動と言語活動をしっかりさせて、子どもたちが学び続ける力を付けないと、これからの社会には対応できないという判断があったということなのです。

プログラミングを本気でやろうと思ったら、あんなカリキュラムの編成になるわけがないと私の知り合いの数学者は言っています。プログラミングで一番大事な「ベクトル」や「行列」を扱う「線形代数」が、高校の理系に特化していて（数学C）、文系ではこれからはそういうものに触れなくなるのではないかと心配されています。その知人によれば、そういう社会では、文系・理系と分かれてしまうので、活力がなくなるというのです。ですから、一部の専門家からは、本気でやるつもりはあるのかと言われていますが、そのためのものではない、ということだと思います。

文理を分けることはまた別の問題です。ですから、論理的な思考という面とともに、感性を磨き、よりよい社会や人生のために、力を尽くす、というようなことまで、プログラミング教育の目的に書き込まれているのです。

大学入試も、ですから、一発勝負ではなくて、探究的な学習や協調的な学習によって子どもたちが身につけてきた学ぶ力や創造する力を見なければならない、そのために到達度を見るようなテストはやめようということだったはずなのです。

STEMからSTEAMへ

さらに、STEMからSTEAMへと言われています。一時、誤報といいますか、解釈の違いといいますか、があって、大学の文系は要らないとか、役に立たぬとか報道されて、マスコミを巻き込んで大問題になったことがあります。声の大きな方々が盛んにおっしゃっていて、私たちにしてみるといい迷惑というか、この人たちは何バカなことを言っているんだろうと思っていましたけれども。

たとえば、私はこういうところが東大はすごいなあ、と思うのですが、全学の会議などで、医学部の教員と一緒になって、その帰りにこういう議論をすると、彼らは自分のことを「高偏差値肉体労働者」と揶揄しながら、こういうのです。

「本当に頭のいい人って、哲学をやってると思うんです。数値では測れない人生の価値を見ているのだと思います。私たちが扱っているのは、そういう目に見えないものが現象として現れているほんの一部だけなのです。これから必要になる力って、そういう洞察する力ではないでしょうか」と。

まさに、文系の学問的な意味とは、別に何か記憶して、ということではないのです。自分を振り返る力であったり、社会を俯瞰する力であったり、そういう力をつけることと深くかかわっているのです。ま、我が国のリーダーを自任する人たちが、過去の言動を気にしないようですので、あまり国民がそういう力をつけては困るのかも知れませんが……。それで、ＳＴＥＡＭです。

ＳＴＥＭというのは理科系の科目です。サイエンス(S)とテクノロジー(T)とエンジニアリング(E)とマセマティクス(M)です。その教育をＳＴＥＭ教育といったり、特に高校の理科系の先生方をＳＴＥＭ教員と呼んだりします。

それで今度はＡが大事だと。いい加減にしろ、という話です。誰ですか、つい先日まで、Ａなんて、特に文系なんて要らないといっていたのは、という話です。ＡはArtなのです。アートって何かというと、いわゆる芸術系だけではなくてリベラルアーツも入ってきていて、哲学も入るのです。つまり、教養なのです。教養、これをリベラルアーツ(Liberal Arts)といいますが、自由学芸と訳したりします。

では、このリベラルとはどういうことなのかといいますと、私たちは一般には自由だと訳しますが、それでは好き勝手に学ぶことなのか、と受けとめられがちですが、そうではないのです。リベラルを辞書で引くと、自由というのは少し後に出てきます。もともとの意味は「気前がいい」とか、そういう意味です。それはどういうことかというと、お金とか世俗のものに囚われがない、だから自由だ、ということになる。ですから、学べば学ぶほど、目先の利益から自由になって、大局的に社会を見ることができるようになる。そういうことなのです。さらにそのうえに、Arts(芸術)ですから、もう、人間性の深奥を探るような営みになる。それが、大切だと言われはじめたのです。

つまり、STEMをちゃんと動かすためには、人間的に成熟しないといけないという話でしょうし、STEMを発展させるためにも、感性や哲学が必要なのだと理系から言われ始めたということなのです。これが、先ほどプログラミングのところでもお話しした、文理を分けることの問題ということでもあります。そんなこと言われなくてもわかっている、と皆さんはおっしゃると思うのですが、そういう話になっています。

哲学が要る　地域社会の在り方を変える

私たちが文系は要らないと言われたときに、この人たち何をバカなことといっているのかと思ったのはなぜかというと、文系的な発想ができなければ、社会のグランドデザインを描くことができなくなるからです。

社会は、事例の集合として成立しているのではなくて、事例が大きな構造や関係の中で動いているのです。その意味で、いわゆる理系的なデータだけを見て、細かいところに入っていってしまうと社会は絶対に行き詰るのです。哲学が要るのです。

ですから、欧米の大学は科目数をものすごく少なくして、哲学的な内容をばんばん教育していくのです。科目は少ないけれど、扱う内容は広くて深いのです。日本の大学はまだ工業社会のままで、薄く広くの話になっているので、科目がすごくいっぱいあって、さらに、東大でもまた来年カリキュラムをいじるとか言っている状態なのです。こういうことの繰り返しをしているのですけれども、本来、そうではないはずなのです。

そしてさらに、こういう社会の動向を踏まえて、コミュニティースクールで、地域と連携を取りながら子どもたちの体験活動を保証してやってくださいということ、これが新しい学習指導要領の枠組みだといってよいと思います。

ですから、さきほど申し上げたことがここにつながってくるのですが、子どもたちの教育を変えることで、地域も変わり、子どもたちが学校だけではなく、地域社会でも学んで、これからの社会でみずからの人生を自分でつくれるようになってほしいということが今回の改革の眼目なのです。それをみんなで支えていきましょう、それを支えることによって地域社会の在り方を変えていきましょう、というのが今回の改革の基本的な枠組みなのです。

人生100年社会の到来

こうした改革の背景の一つは、これです。人生100年社会が来ている。もう少子化は止まらないだろうと言われていて、外国人に移民してもらって、産んでもらわなければならないとまで言われはじめています。確かにそうです。少子化の背景には少親化があります。言葉をつくってからどう読むのだと問題になって、「ショウオヤカ」と読ませていますけれども。

今、子どもを生んでいる世代は少子化の世代です。私自身がすでに少子化の世代です。私の子どもが今すでに子どもを産むぐらいの年齢になっていますけれども、現在、子どもを産む年齢にあるのは少子化の2代目か3代目の子たちなのです。ということは、もう増えようがないのではないかと言われています。団塊の世代の方々が3年間で800万人もいるのに、現在では3年間で250万人ぐらいしか生まれていませんから、もうどうしようもないのではないかという議論になっています。

では、寿命はどうか。こういう予測が出ています。いかがですか。まだ皆さん大丈夫ですね。今年(2019年)、小学校6年生の子の予測平均寿命が107歳と出ました。2007年生まれですから、もしこの予測が当たっているとすると、今年6年生の子どもたちの半分の子が2114年以降も生きるという話になってしまいます。

私は実は今年で60で還暦で、院生から赤い物をたくさんもらったのですけれど（笑）、大還暦という言葉があるのですね。2回回ってしまうのです、還暦が。言葉があるということは、生きた人がいるはずなのです、１２０年。ですから、皆さん、それくらいまで大丈夫なのではないかという話が出ています。生きたいですか？　１２０まで。ちょっとこの社会や自分のことは置いておいて（笑）。

現在、日本人の平均寿命は男性81歳、女性が87歳で、それぞれで見るともう少し長い国や地域がありますが、男女両方ともこんなに長い国はあまりありません。平均寿命を超えたから長生きかというとそうではなくて、死亡最頻値年齢と言いますけれども、一番たくさん人が亡くなる年齢を見ますと、男性が87歳、女性が93歳なのです。ここを超えないと、もう長生きとは言えないという話になってきているのです。ほとんど１００歳です。

この間、バスに乗った時に、こんなことがありました。おばあちゃんが乗ってこられて、お金を入れるときに落としたの

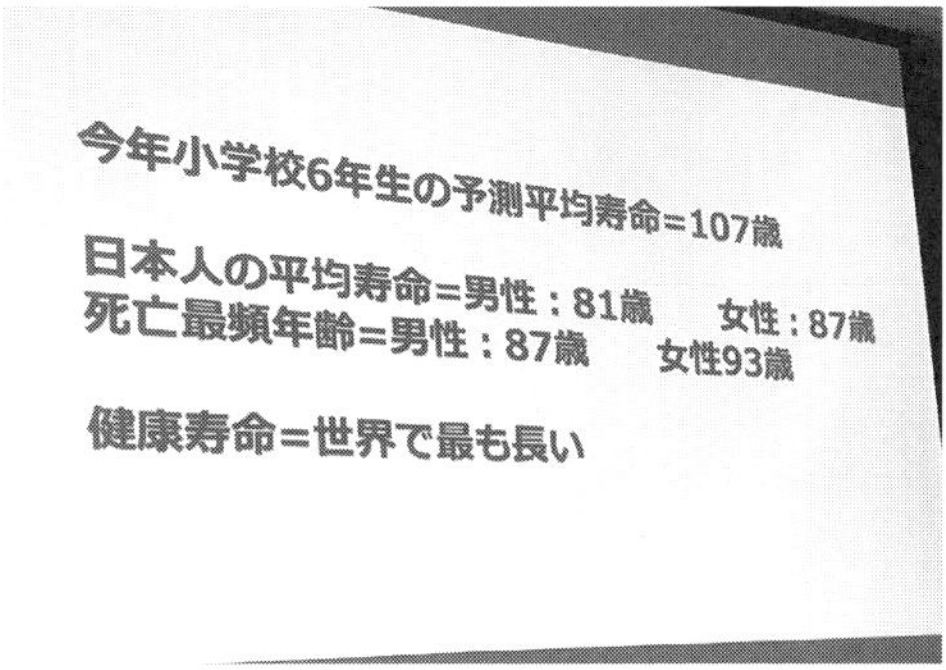

で、拾ってあげたのです。そうしたら「ありがとう」と言って、受け取って、お金を入れて、よっこらしょと座ったので、「お元気ですね」と声をかけたのです。すると、何とおっしゃったか。「間に合うかしら」と。「え？　間に合うってどういうことですか」って聞いたら、「お迎えが」と言うので、「は？」と。「あと7年しかない」とおっしゃる。「えっ？」と、聞き返したら、「100までに」と（笑）。100までにお迎え間が合うかしら、心配で心配でと、こういう話なのです。「いや、そんなことないですよ、お元気ですよ」と言いましたら、「こうやってあちこち毎日出歩いている。でも、ちっともお迎えが来そうにない。放っておくと100歳になっちゃう、それが心配で仕方がない」とおっしゃるのです（笑）。そういうことになるかもしれませんね。

人口減少社会の到来（図参照）

人口の構造は、この図のようになることが予想されています。これは日本人だけです。外国人を入れれば、もう少し異なりますが、日本人だけですと、人口はこうなることが予想されていて、だんだん上が重くなっていくということです。高齢の方が増えていくのです。予測ではあと、40年ぐらいで上の黄色とオレンジのところ、つまり65歳以上の方の割合が42％ぐらいに

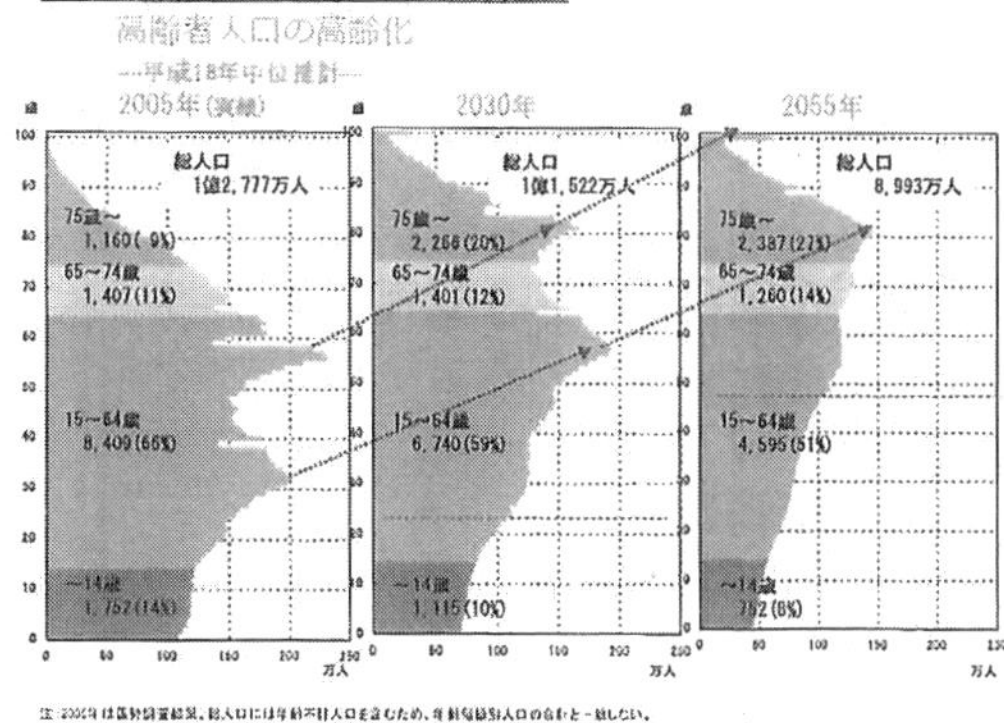

図　人口減少社会

なると言われています。下の青いところ、つまり統計上の子どもですが、そこが7%ぐらいになると予測されています。

これは仕方がないですよね、といいますか、もうこうなるしかない。総人口は、戦争や疫病など外的な要因でなくて、自然減として減り始めたら、増加に転ずることは、外的な要因を導入しない限り、つまり外国人を入れない限り、ほとんど不可能だといわれます。総人口はこの図（次頁）のように推移していて、私たちはいま、下り坂というか、減り始めているところに立っていることになります。皆さんの感覚でいうと、上りって結構いい感じで、下りって嫌な感じではないでしょうか。いかがですか。増えるっていい感じで、減るって嫌ですか。冗談ですけど、東京から出る列車って全部下りですよね。東京に向かう列車は全部上り。ですから、東京発の列車は全部下りなのです。中央集権国家ですからそうなの

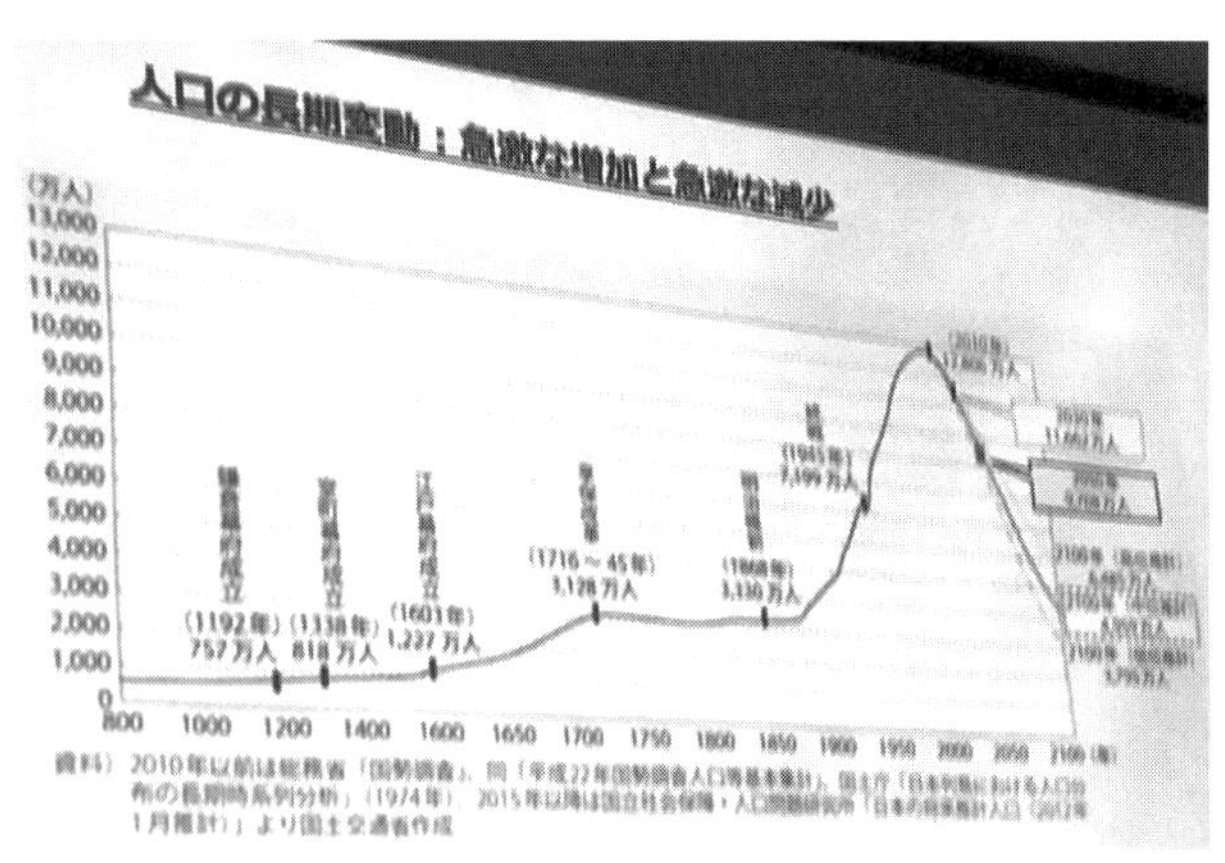

ですが、だから上りというと中央に出ていくような感じがするのでしょうね。都市へ出ていくみたいな感じで、それが出世することと同じような感覚をもたらしていたのかも知れません。

この総人口の推移図の右端の大きな山の左の斜面の真ん中に終戦と書いてあって、この時に人口が３００万ほど減っています。そのころつまり、紀元２６００年（１９４０年）頃に総人口１億といっていましたが、それは植民地の人口を入れていたからでしょうね。実際には、国内では７２００万ぐらいしかいませんでした。その山裾、これが明治初年です、明治維新。一昨年が明治１５０年でしたが、その頃の人口は３３００万人ぐらいでした。その後、急速な工業化を起こして、医療とか栄養・食糧とか社会環境とくに衛生を改善することで、約４倍にしてきたのです。総人口のピークは１億２７００万人くらいです。

さらに左の方に行きますと、皆さんのお好きな大河ドラマのころは１０００万人ぐらいでした。つまり、この右の大きな山の頂点に向かうところでは、日本の人口は、戦争で減った以外に、基本的には増加してきたということです。しかし、すでに減り始めてしまっているので止められないと言われていて、このままいくと今世紀半ばで９７００万人ぐらいになるといわれます。

現在毎年50万人ずつ減っていますけれども、あと少したつと毎年１００万人ずつ減っていきます。今世紀末には大体５０００万になると予測されていて、このまま減っていくと西暦３５００年ぐらいに日本人の人口は１人になると言われています。これは日本人だけです。外国人を入れれば、もっと違うと思いますけれども、こういうことなのです。

私は一時、総務省の関係で、人口を増やすという議論に関わったことがあるのですけれども、その場の基本的な論調は「産め」ということでした。まだそう言いたい方はいらっしゃいますけれども、最近、言わなくなってしまいました。ほんとにひどい話で、声の大きな方々の中には出産を義務化するという人たちがいたのです。「産ませる」と。国民が産まないからこんなになってしまった、国民としての責務を果たせ、というのです。それで、憲法改正の時に、出産条項といいますか、家族条項を入れるというのです。どんな条文かというと、あんまり言われるので私は覚えてしまいました。「すべて国民は家族を形成し出産育児すること、これは国家に対する崇高な義務である」と。「そんなこと書き込んで、産まなかったらどうするんですか。処罰するのですか」って聞いたら、すごく叱られました。「先生は国を愛していないのか！」と。愛せる国ならいいですけどって話をしたのですが（笑）。そんな、強制されても産めませんよね。大体……あ、やめます（笑）。

伸びる平均寿命と少子化の進展

平均寿命はこの図（次頁）のように推移しています。いまでは90近くになっていますけれども終戦直後、敗戦のころ、いまから70年前は50歳ぐらいでした。これは、平均寿命です。長生きの方も早く亡くなる方もいるので平均を取ると50ぐらい。そういうことです。その前の戦前から明治大正の時代ですと、大体40だったのです。それが100年で倍以上になっているということは、とてもいいことではないかと思います。みんなが長生きできるようになったということです。

乳児死亡率の推移はこうなっていて、現在、生まれた赤ちゃんの1000人当たりの死亡率

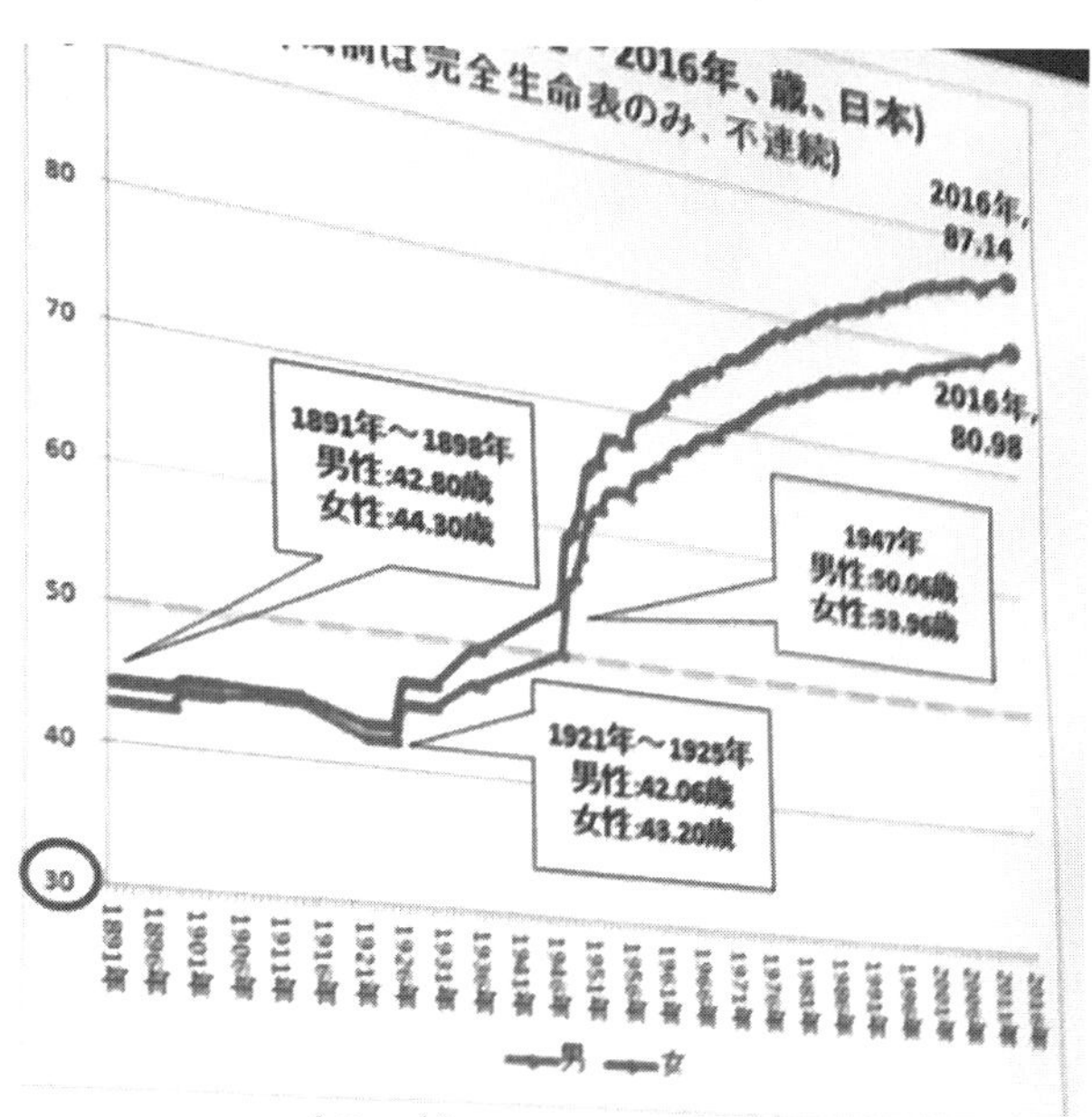

を取ると1・9です。パーセンテージにすると0・19ぐらいで、ほぼ世界で最低なのです。つまり、ちょっとよくない表現かも知れませんが、赤ちゃんが死ににくい社会なのです。生まれれば基本的に皆大きくなる社会です。乳児死亡率は、ゼロになるのが一番いいのですが、実はこの数字はゼロにはならないのです。どうしても生物学的に遺伝的な疾患を持って生まれてくる子がいて大きくなれないので、ゼロにはならないのですが、こんなに低い国はあまりありません。後天的な病気で亡くなる赤ちゃんはほとんどいないと聞い

たことがあります。１００年前と比べると大体１００分の1になっています。

　これが実は少子化の大きな要因なのです。皆が長生きができて、子どもが死ににくい、つまり生まれれば誰もが長生きできる社会となったことが、少子化の大きな要因なのです。

　皆さんも既に、子どもって生まれれば大きくなれると、思ってもいないのではないでしょうか。いちいち子どもの生き死にのことなんて、考えることもないのではないでしょうか。いかがでしょう。言い方を変えると、生まれた赤ちゃんが早くに亡くなってしまうなどとは、特別な事情がない限り、思ってもいないのではないでしょうか。それくらいいい社会を、私たちはつくってきたのです。勝手にそうなったのではなくて、私たちがつくってきたのです。それが実は少子化の大きな要因なのです。

　少子化とはどういうことなのか。私を例にお話しをすると、分かっていただけるのではないかと思います。私の両親のきょうだいは両親を入れて15人もいます。母は9人きょうだいの真ん中で、父が6人きょうだいの5番目なのです。私の祖父母が多産なのですね。きょうだいがたくさんいる私の両親ですが、子どもは私と妹しかもうけていないのです。ですから私は少子化の世代なのですね、すでに。私も子どもは2人しかいません。

　それで、母が健在のときに聞いたことがあるのです。自分も入れて9人もきょうだいがいるのに、なぜ2人しか生まなかったの?と、そうしましたら、開口一番、なんといったか。「あんた、生きているじゃないか」と。「え?」と。「あんたね、あんたは、私は自分を入れてきょうだいが９人もいると思っているかもしれないけど、本当はおばあちゃんは11人産んでいるんだ」と。途中２人が小さいころに亡くなっている。実は、昔はみな、そうだったんだと言うのです。なぜ多産なのかというと、男の子が欲しいからです、基本的には後継ぎとして。

では、今でしたら、男の子がひとり生まれれば、それで十分だと思いますよね。でも、そうではなかったのです。ひとりだと死んでしまうかもしれないから、心配なのです。二人だとどうか。二人でも不安らしい。男の子が三人いないと不安だというのです。そうすると、男の子が生まれるまで産み続けるし、生まれても３人目ぐらいまで産むので、どうしてもその間に、女の子が生まれてしまって、うちみたいにきょうだいが９人、10人になってしまうと。で、母が言うには、実は母は９人きょうだいですけれども、兄がひとりいるだけで、あとは弟が二人、母の後に生まれているのです。

母の前に生まれて亡くなった二人は実は男の子なのです。ということは、この二人が生きていれば、母は生まれていなかったかも知れない、ということです。男の子がすでに三人いますから、母の前に。そうすると、私もいなかったかもしれない。

で、父はどうかというと6人きょうだいの5番目なのです。長男で。力尽きたのだと言っていますけれども、弟が生まれて、次男で終わったのですね。男の子3人目まで行かなかった。こういう産み方をしているのです。男の子が3人生まれるまで産み続けようとするので、途中で女の子が挟まったりするとたくさんになってしまう。そういう話なのです。ですから、少子高齢化、さらに人口減少というのは、とてもいい社会をつくってきたことの結果の現象なのです。それをとらえて、このいい社会の条件を活用することを考えないで、国民が産まないからいけない、と叫んでも、何の意味もありません。

高齢社会の実像とは

さて、これは経産省がつくっている絵です。50歳で線を引っ張って、人口がこの線よりも多い社会なのか、少ない社会なのかを示してあります。これは割合です。実数ではありません。それで、左側3分の1が19世紀型モデル、右側の3分の1が21世紀型モデルで、私たちがこれから入ろうとしている社会です。私たちが知っているのはこの真ん中のところの3分の1なのです。20世紀型モデルといいますが、移行期です。

なぜ50歳で分けるのかといいますと、これも私の母方の祖母の話をします。下の緑のところ

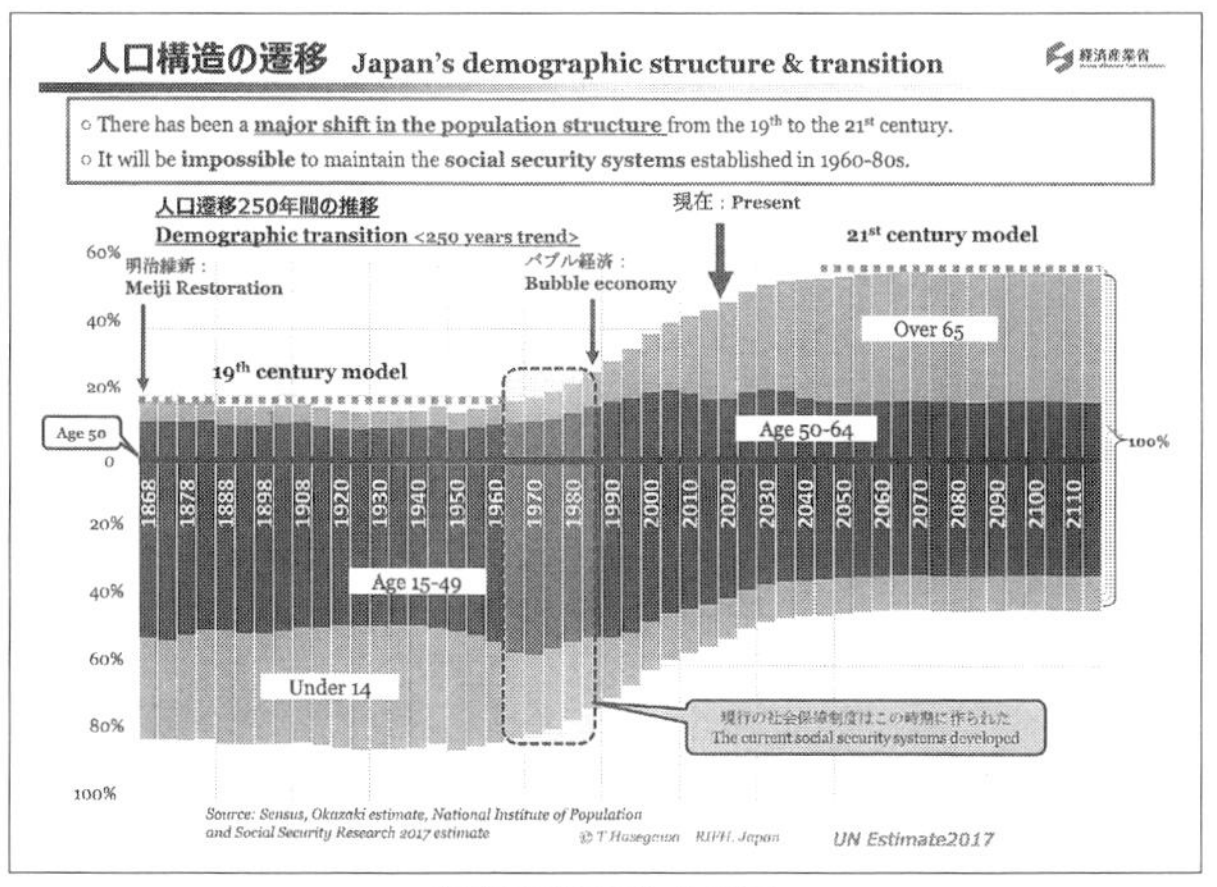

経済産業省作成の図

は統計上の子どもです。０歳から14歳です。それで、私の祖母はこの子ども期を終えて15で結婚して、16から子どもを産み始めて、ほぼ毎年産んで、33で最後の子ども、11人目の子ども、男の子、私の一番下の叔父を生んでいるのです。で、50というのは、その子が結婚するか、成人するかという年齢に入るのです。言い方を変えると、家計の維持とか育児から解放される年齢が50歳だったのです。けれども、見てみると、後があまり残っていないのです。そうすると、極端な言い方をすれば、19世紀型モデルの人生ですと、子ども期を過ぎると、突然おとなにされてしまって、家族を持たされて、出産育児をして、家族を維持するのに一生懸命になって、そこから解放されたら、もうあまり人生が残っていない。つまり、子ども期以外は、全部家族のために自分の人生を捧げるような生き方をしていた。こういう人生を送っていたのが19世紀型の人たちなのだということになります。

それに対して21世紀型モデルの人生はどうかというと、今は35歳ぐらいで1人目か2人目を産んで、産まなくなっています。50歳というのはその子たちが高校に入ったり大学に入ったりして、手が離れる頃です。しかも、家事は今ほとんど電化されていますから、あまり手がかからないということも考えると、50を超えたぐらいから、お金とか時間を自分のために使ったり、社会のために使ったりすることができる人たちが増えていくのではないか。すると、50歳を超えてからまだ30年も40年も人生が残っていて、それを自分の時間として使うことができる、ということです。しかも、この人たちが大きなボリュームゾーンとして立ち上がってきている。こういう人が多い社会がやってくるということは、その人たちがもっと社会で活躍できるような仕組みをつくっておいたほうがいいのではないか、それがこの社会の利点を活用することになるのではないかということなのです。

75歳からの年金支給にシフト？

経産省がこの図をつくっているのはなぜかといいますと、とても分かりやすいといえば、分かりやすい話なのです。この真ん中あたりにある紫の四角、これ何だと思われますか。しかも、図の上まで伸びてなくて、途中で寸詰まりなのです。実は、このころ、とくに１９７０年代から80年代にかけて、健康保険制度と年金制度、つまり社会保障制度がつくられたのです。その時の高齢者の割合は、大体この四角形の上辺あたりまでなのです。だから、50代よりも下の方が多く見えるように描かれています。年金もこの分厚い層の方々が高齢者に払うので、何とかなっていたのです。ここが寸詰まりに描かれているのは、右の方にこの四角形を動かしていくと、高齢者がおさまらなくなりますよね、この中に。つまり、このままだと、社会保障制度がうまくいかなくなるのではないですかと問いたいがために、この図がつくられているという一面があるのです。

今日持ってこなかったのですが、この図には別のバージョンがあって、オレンジのところ、つまり高齢者といいますか年金支給年齢を75歳からだったらこうなる、85歳からだったらこうなるという図があるのです。この間、それを見せてもらったのですが、85歳から年金支給になると、財政も大助かりですと言っています。そんな、その頃には、みんなほとんど死んじゃって、いないじゃないですかって（笑）。どうですかね。今ではもう、政府は75歳まで働けって言っていますし、75からの年金支給に変えたいということは、ある意味で見え見えですよね。

いかがですか。若い人は年金については、もう諦めているのではないでしょうか。しかし、返ってくると考えてはいけないのです。払っているのですから、現役の人たちが高齢の人たちに。返ってくると考えると、私の世代で99歳まで生きないと返ってこないと言われました。40代のときに。今はもっと寿命が伸びていますから100歳以上生きないと全額返ってこないと思います。ただ、掛け金を掛けているわけではなくて、世代間の相互扶助ですから、払っているから返ってくるのだと期待してはいけないのです。どうですか？　65歳からの年金支給ではなくても、たとえば75歳からでもいいですか。私は困ります。皆さんいかがですか。

雇用制度が変わる

なぜ困るかというと、そういう制度になっているからです。雇用制度も含めて。例えば国立大学法人の教員は65歳が定年ですから、私はあと5年で定年退職なのです。もしアメリカで、定年でクビなんてことをやったら、訴訟を起こされて絶対に負けるといわれます。年齢差別になるのです。アメリカの大学の教員は自分で定年を決めることになっているようで、日本の意味にいう定年がないのだといいます。だから私の知り合いでも、理工系の教員だった者で、30代で特許を取って、大当たりして、それを売り払って、莫大な金をもらって辞めてしまって、今、南の島で遊んで暮らしている者もいれば、80数歳でまだ大学の先生でいる人もいますし、いろいろなのです。自分で決めるのです、定年を。そうなれば65歳から年金をもらわなくてもいいでしょうけれども、日本は新卒の一括採用で、しかもみんな定年があって、そこで辞めていかなければならない慣行になっていますから、年金制度だけ切り替えられても困ります。もしかしたら、定年は自分で自由に選べるなど、もっと制度や慣行が柔軟になれば、年金支給年齢は人それぞれに変わっても構わないかもしれませんけれども。これも工業社会の制度のつくり方なのです。全員一斉に働いて、一斉に退職して、新陳代謝を繰り返すようにつくってあるのです。

その意味では、人生100年社会の中で、この慣行や制度を変えていく必要があるので、政府はすぐに高齢者も活用して金をもうけろと言いますけれども、そうではなくて、高齢の方々がもっと活躍して、もっと自分の生きがいを感じながら一生を終えられるような仕組みにしていくことが必要ではないか。そう思います。

今でも、例えば65歳で辞めてもあと25年間ぐらい人生があるわけです、普通に。25年って長いですよ。そうじゃないですか。まだ20代の人いますよね、この中に。今まで生きてきたよりも長い時間が、仕事を辞めてからも残っていると考えたら怖くないですか。やはり、続けて様々な分野で活躍できて、いきいき生きられる社会の仕組みにしなければいけませんよね。

人生100年時代構想会議

さらに、内閣官房に、2017年に人生100年時代構想会議がつくられて、これからの時代の生き方について議論してきました。余談ですが、今は全部、内閣官房に委員会やら審議会やらをつくっては、そこで議論をして、各官庁に持って帰って動かしていますから、変な話をしますが、中教審で議論してもあまり意味が無いみたいな話になってしまっているところがあるのです。基本的に、各省庁の施策は全部、官邸が動かしているように見えます。官邸の審議会や委員会の事務局の構成を見ないと政策がどう動くか分からないのです。

人生100年時代構想会議では、何が起こったかというと、厚労省の人に聞きましたら、文科省から出ていた人たちが帰されちゃったというのです。何か、齟齬があったといいます。それで、厚労省主導のもとで進められていったのですが、その時に彼らが言ったことが、ここなのです。本来これは文科省の、しかも生涯学習関連の部署がやらなければいけない施策であるのに、厚労省がこれを言い始めたのです。文科省はこの議論の中ではほとんど蚊帳の外だったようなのです。何とか巻き返しを図ろうとしているらしいのですが、文科省はいろんな不祥事が起こるので、なかなか大変みたいです。

どのような議論なのかといいますと、ライフステージの在り方を変えていくということですし、実際に実態がすでにそうなっているということなのです。例えば働き方としては、マルチステージやパラレルキャリアの方々もいらっしゃる。どんなことかと言いますと、今まではみんなが一緒に同じような人生を歩むことがよいことだったのです。生まれて、幼稚園に入って、小学校、中学校、高校、大学と進んで、新卒一括採用で就職して、転職があっても、65歳まで働いて、定年退職を迎えて、あとは老後、みたいな生き方をすることが普通であったのですが、65歳で辞めてもまだ25年もある。もうひと花咲かせられるようにしたほうがいいのではないか、さらに、もっと前から転職を含めてステージを乗り換えて、一生の間に、いろいろな経験ができるような仕組みにしたほうがいいのではないか、ということなのです。そしてその時に重視されたのが生涯学習、とくに「学び直し」なのです。これを

人生100年時代構想会議が主張し、厚労省ほかの省庁がリードし始めているということなのです。

プラチナキャリアアワード

例えば、いま、社会では、こんなことが議論されています。私もちょっと関わっているのですが、プラチナキャリアアワードという表彰制度を、三菱総研と東洋経済新報社が一緒につくったのです。従業員の働き方改革をして、例えば定年を無くしたり、高齢の方々も活躍できるような仕組みをつくったりしている会社、つまり、高齢社会に対応した形で、経営の在り方を変えている会社を表彰しようという制度がつくられて、私はその審査員でもあるのです。今年が2回目でもうじき始まるのですが、昨年1回目の議論をしたとき、最初はとても面白かったのです。例えば60歳定年だったけれども、延長しただけではなくて、60歳から後はこの指とまれ方式で、自分で自分のプロジェクトを選んで働くことができて、70歳までいられたりなどなど、いろんな試みをしている会社があるのです。また定年が無い会社もあったりして、そこではついこの間87歳の人が辞めたので、突然若返りました、みたいな話が出てくるわけです。そんな会社を表彰しましょうという議論になって、楽しかったのですが、その過程で、審査員の中でこんなことが議論になったのです。

もしも自分がそこの社員だとして70歳まで働けても、70歳まで働いて、辞めて、うちに帰ったときに何が起こるのだろうか。それこそ適応できないのじゃないかと(笑)。地域に帰れないのじゃないか。70歳では気力も体力も大分落ちていますから、これって却って大変なことになるのじゃないかという話になったのです。そうすると定年延長っていいことなのだろうかって話が出てきて、ちょっと考え直さなければいけないのじゃないかと、しかも、そこでは学び直しが必要なのではないかと、こういう話になってしまったのです。

働き方の変化、学び直しの人生

このように考えてくると、働き方も定年を延長すればよいという簡単な話ではなくて、もっと人の生きがいとか社会的な存在とか、もっといえば尊厳とか、そういうものをも考えて見直さなければならないのではないか。そういう話になったのです。これから、年金制度も改革せざるを得ないかも知れません。その時、その人本人がこの社会できちんと生きていくためには、例えば25歳ぐらいで最初の就職をしたとして、15年くらい働いたら、40歳でいったん退職とか停職になって、国が生活費も学費も出すから、1年間くらい大学に行ってきなさいといわれて、勉強して、40歳過ぎで第二の人生としての再就職をして、またしばらくたって例えば55歳でもう一度退職となって、また1年くらい大学に行って来なさいということで、お金をもらって、学びに行って、55歳過ぎに再再就職して70歳過ぎまで働けるということにしてもらったほうがいいのじゃないか、という話も出たくらいなのです。しかも、その再就職や再再就職は、いわゆる企業でなくても、NPOや民間の社会団体でもいいかも知れませんし、ボランティア団体でもいいかも知れない。さらには、いま人手不足だといわれ始めている町内会や自治会などの担い手になってもよいでしょう。その意味で、乗り換えもできて、キャリアもどんどん高めて、人生のステージをいくつも経験できるような仕組みにしたほうがいいではないか、という議論になったのです。

既に若い人たちには、こういう働き方をしている人たちが出始めています。うちの息子の話をしますと、大学院を終わって今は設計会社にいるのですが、そこの会社はいい加減な会社で、本人がいい加減だと就職先もいい加減なのかと思いますが、まずフルフレックスなのです。24時間いつ行ってもいいし、行かなくてもいい。昨日も夜中の12時ぐらいにメールが入って、まだ会社にいるというので、「おまえすごい残業だな」って返事をしたら「いや違うよ、まだ6時間しか経ってない」といってきました。こんな働き方をしているのです。

しかも、この会社は副業ＯＫなのです。ネットでつながっていて、パソコンで仕事をしていますから、外の喫茶店などでも仕事ができる。そこで商品開発の設計の仕事をして、本社に送ってしまうとその日の仕事はおしまいで、残った自分の時間で、他の会社の仕事を請け負って、自分でお金を儲けてもいいことになっているのです。しかも、社長が、勉強したければ行かせてやるからと、金を出してくれて、新しいことを学びに専門学校に行ったり、セミナーを受けに行ったりして、勉強しているのです。

ついこの間もアメリカからメールが入ったので、「おまえ、何しに行ってるの」と聞きましたら、「航空ショーを見に来ている」というのです。「なんだ、有休取って、遊びに行っているのか」と聞いたら、「いや社命で来ている」と。「それはおかしい、だって、おまえの会社、飛行機なんか扱ってないだろ」って問い返しましたら、こういうのです。本当は、自分が好きで航空ショーに来たかったから、遊びに行くつもりで計画を立てて、年休を申請したら、社長が「航空ショーを見に行くなら金を出してやるから行ってこい」といいだした。その代わり、「帰ってきてレポート書け。それが今後の何か新規開発につながればいいから」といわれたというのです。なので、「レポート書かなきゃいけないから真剣に見てます」と（笑）。出張扱いで行かせてもらって、何を期待されているのかというと、「今の会社の業種とは全く関係がないけれども、新しいものを取り込んで、何か新しいデザインとか、新しいものを発想せよ」といわれているのですね。

そういう働き方になっているのです。ですから、彼はこの会社の仕事がメインなのですが、あと2つ仕事を持っているという働き方をしています。そういうことが今後、一般化していくのではないかといわれています。そうすると学び続ける力といいますか、一生の間、100年間、自分で自分をどんどん更新していく力を付けなければいけない。そのためにこそ、実は、子どもたちにそういう力を身につけられるように、機会を保障しなければならないという話になってきたということなのです。

社会構造が変わっていく

長寿命化だけではなくて、社会構造が変わる中で、人々の生活の在り方も変わっていくので、それに対応できるような力をつけなければいけない。それは過去の知識の蓄積だけでは駄目なのだという話になっているのです。

この点にかかわって、15年の中教審答申をつくるときに、さらにこういう問題が議論されたのです。

この4月からの学習指導要領改訂の背景になったものの1つが、この議論でもあるのです。当時の、つまり２０１５年の時点で15年後といわれましたので、いまからではすでに10年後なのですが、その頃、つまり２０３０年頃には、アメリカの大学卒業生の65％が、今、ない仕事に就くことになるといわれ始めていたのです。

また、アメリカの職業分類中で47％の職業が、人工知能が社会に普及していくことで、人工知能に代替されてしまって、人を雇わなくなるので、その職業に就いている人が大量に失業するか、新規採用がなくなるといわれ始めたのです。言い方を変えますと、子どもたちに対して、お父さんの背中を見て生きなさい、といえなくなってしまった。また、親がいうとおりに生きていれば安心だ、といえなくなってしまったということなのです。学校で教えているのは過去の知識ですから、それはしっかりと学んでおかなければならないけれども、それだけで教育は終わりますかというと、そうじゃない、と。むしろ過去の知識をきちんと身につけておきつつ、新しい知識を探求したり、それを使ったりして、生き抜く力をつけておかないと、これからは厳しいのではないかということなのです。

こういう議論が背景にあって、この4月からの新しい学習指導要領になっているということなのです。ですから、強調されたのは、学校で知識を学ぶだけではなくて、もっといろんな社会体験を子どもたちにさせて、自分で考えて、探求する力を身につけてもらわなければいけないし、それを仲間と一緒にやる協調性も身につける必要がある。そして、学校の先生も知識を教える先生から、子どもに寄り添って、探求する先生に変わってくださいということなのです。

さらに深刻なのは、なくなる仕事の中に、教員が入っているといわれていることです。典型的なのは、日本でいうと高校の教員です。大学の教師は半身生き残っている感じです。大学の授業はMOOCsとかでできてしまう、つまりネット配信でできてしまうので、それは今後AI等が代替できることになるのではないか、だから要らないといわれて、研究開発だけが残っているのです。

人工知能の社会になっても、日本で丸々残るといわれているのは小学校の先生です。教科指導以外に、子どもの生活指導などいろんなことがあるので、柔軟に対応しなければいけない。これはまだAIはできないのです。ですが、一番要らないといわれているのが、知識を伝達することを専門にしている教員で、それは高校の教員だといわれるのです。これらの意味で、つまり子どもの学びのあり方が探究型に変わるのですから、教える先生方も探求する先生になってもらわなければいけないという議論なのです。それが、アクティブラーニングですし、アクティブラーニングに対応した教え方ということになります。

人工知能　東ロボくんの限界

　では、人工知能は人間を超え得るのか。シンギュラリティ、つまり技術的特異点といいますが、人工知能が人間を超える時が来る、それは一時、２０４０年だといわれましたけれども、もういわなくなってしまいました。マスコミによって、東ロボくんと名付けられたプロジェクトなのですが、新井紀子さんが中心になって国立情報学研究所がやっている研究があります。全国の現代数学者が組織されていて、東大に受かる人工知能をつくるというプロジェクトです。東大に受かるプログラムを書いているのだそうですが、そしてＡＩ自体も教師データを自ら読み込んで、膨大なデータベースをつくっているのだそうですが、最近では、東大に受かるようなＡＩをつくることは困難だということが分かってきたので、やめたいとおっしゃっているようです。

　この東ロボくんですが、過去に数学や世界史の入試問題で偏差値76を取ったことがあるといいます。これが国語や英語、理科や社会も含めて75あると東大の合格圏に入るのですが、難しいようです。偏差値75というのは、１０００人受けて上から４番目ぐらいです。全受験者のうちで、それくらいの位置にいれば、東大に受かるといわれます。けれども、とてもじゃないけれど、人工知能はそこまでいかない。それでも、このプロジェクトを進めてくる過程で、東ロボくんはあることができるようになったというのです。何かといいますと、偏差値60くらいの大学に毎年8割以上の確率で受かるようになったのだそうです。首都圏あたりでいうと、SMARTとかMARCHとかといわれている大学の平均的な偏差値あたりでしょうか。どこの大学かは具体的にはいいません。これは例ですからね（笑）。例なのでいいませんけれども、その辺りです。

何が問題かというと、偏差値60というのは、上から16パーセントのところにいるということですから、全受験者の85パーセントくらいが偏差値60までに入っていることになります。いまの就労のあり方を考えれば、会社員のほぼ8割方が、このレベルに入っていることになります。ということは、もしも人工知能が社会的に普及してしまうと、ほとんどのサラリーマンが失業するか、新規採用がなくなるという計算になる。そうなったら、どうしますかという話になってしまうのです。

大規模就職氷河期の再来？

過去、私たちは実は1回経験しているのです。小さい規模で、同じようなことを。この中に団塊ジュニアの方、いらっしゃいますか？　氷河期の方。あ、いないですか。1人だけ。就職大変でしたよね。私も大学の教員になってから2年目の学生がそのところに当たってしまって、ぱたっと採用がなくなりました。最初の年はみんな一発で決まっていたのです。みんな総合職に。それが、1994年春の卒業生からぱたっと採用がなくなってしまいました。記憶にある学生は、158社受けて最後に拾ってもらった。彼なんか「落ちるのが快感になってきました」とかいっていましたね（笑）。

なぜ、こんなことになったか。この頃からほぼ10年間新規採用がなかったのです。実は、皆さんも問われれば記憶にあると思いますけれども、ブラウン管の付いた重いパソコン、ぺらぺらのフロッピーディスクを使うパソコンが、家庭と企業に入り始めたのが80年代の暮れぐらいからなのです。こういうパソコンを使った経験があって、覚えている方もいらっしゃるのではないでしょうか。

その時に、パソコンと一緒についてきたソフトがあるのです。ワープロソフトと表計算ソフトと経理ソフトなのです。それで、何が起こったかといいますと、経理いわゆる給与計算とか税務計算は、それまで専門家の方々が、鉛筆なめなめ、算盤をはじいてやっていたのです。会社の経理部門に大勢の担当者がいたのです。それがパソコンが入ることによって、アルバイトの子で何千人分もの給与の計算処理ができるようになってしまったのです。

その専門家であったお父さんたちが社内失業したのです。このほか、事務職の方々の間でも、ワープロや表計算ソフトの普及で、仕事時間が短縮され、ひとりでできる仕事が増えましたから、新規採用を控えるようになった。当時、街のセミナーで流行ったものがありました。パソコン講座ではないのです。電卓講座だったのです。いまや電卓ですら死語かも知れませんが、当時は、電卓くらいできないと失業するかも知れないという強迫観念があったのです。ということは、算盤を使っていたということです。

当時の日本の企業は首を切りませんでしたので、閑職に回して自主退職を促したのです。それが「窓際族」と呼ばれた人たちなのです。ひどい言葉ですが、そう呼ばれました。けれども、当時はいまのように転職市場がありませんでしたから、辞めたら大変なことになる。それで、中堅クラスの方々がずっと定年までいたのです。倉庫番に回されようが、仕事がなかろうが、いじめられようが、じっと耐えたのです。そして、その方々が定年を迎える頃に、ようやく新規採用が始まった。その結果、ほぼ10年間ほとんど新規採用がなかったのです。まだ当時は、大企業は新卒一括採用で、中途採用もほとんどありませんでしたから。

私がまだ東大に来る前ですけれども、就職が決まったと喜んでいる学生たちにいっていた言葉があります。「決まったはいいけれども、その前に、自分の会社の従業員の年齢構成を調べておきなさい。本当は、就職先を選ぶときに、それをやっておいた方がよい」と。

やはり、職場がこういうことになっていたのです。新卒の教え子たちが、５月の連休に研究室に遊びに来て、こういうのです。「先生、職場のすぐ上の先輩が35歳なんです」と。その人は就職してから35になるまでずっと新人君だったということです。そこへ、若いのが入ってくると、何が起こるかというと、その新人君が抱えていた仕事がどっと降りてくるのです。それで、この若い新採の連中がみんなうつになってしまったりしたのです。それをまた、いまの若いヤツらは弱いとか何とかいって、けなしてきたのです。そういうことが過去に起こっているのです。これがまた大規模に起こるのではないかと心配されています。

一番大きなのは貧困問題

ですから、ＡＩにできないことができる子どもを育てなければならないのですが、ちょっとその辺りで不安があるのです。学校は、教育機関たり得ているのか。中教審で議論をしているときに、各地の教育長さんが訴えられたことです。福祉機関化しているとまでいわれました。一番大きな問題は、貧困です。現在、子ども食堂が全国に３５００ぐらいあるといわれます。相対的貧困率も高くて、13%～14%ぐらいです。年齢は17歳ぐらいまでと言われますけれども、子どもの７人から８人に１人が貧困家庭にいる計算になります。これはＯＥＣＤ諸国の中では上（悪い方）から10番目くらい。私たちが知っているいわゆる先進国ではアメリカとイタリアに次いで悪い数字だといわれます。さらに、これが一人親家庭になると約６割に跳ね上がり、先進国の中で最悪の数字になるといわれています。

なぜ、こんなに悪いかというと、簡単な話で、子ども手当がきちんと回っていないからです。少ないのです。貧困とはなにかというと、いろんな説や計算式があるようなのですが、一般的には相対的貧困率を取ります。これは、家計の等価可処分所得（世帯の可処分所得を世帯人数の平方根で割った数字）の中央値（平均値ではありません）の半分以下の所得にある世帯数を、全世帯数で割った数なのですけれども、日本の状況からいうと等価可処分所得で年間１２２万円～１２３万円以下で生活している世帯を相対的貧困家庭と呼ぶのが一般的です。そこに子どもの７人に１人がいるということなのです。そして、子どもがいる相対的貧困家庭の６割が母子家庭なのです。

なぜ、子ども手当が少ないのかといいますと、これも少しかかわったことがあって、そこで声の大きい方々と少し言いあいになったのですが、駄目でした。声の大きい方で、伝統的家族観が大事だという人が結構な数いるのですね、いまだに。伝統的家族を形成しないで子どもを産んで国に依存しようとするのはけしからんとか、伝統的家族を壊して一人親になったのに、社会に面倒を見てくれというのは虫が良すぎる、とかいうのです。そして、そんなところに金を回す必要はないといいはるのです。子どもが減って困っているのではないのか、と問い返しても、それは伝統的家族をつくれという話だといって譲りません。それで、おカネがとくに母子家庭に回っていません。それで、こんなことになっています。高齢世帯には年間約250万円の年金が回っているのですが、母子家庭には40万円弱です。高齢者の年金を減らせという話ではないですが、こんなおカネの回り方はおかしいじゃないですかというのですけれども、頑として聞かない。

ですから、子どもの貧困率全体で見るとOECD諸国の中で10番目くらいで、悪いことは悪いのですけれども、母子家庭になるとこの図に示すように6割になって世界最悪になってしまう。この図は、経産省がつくって持っているのですけれども、結局おカネが社会的に弱い立場にある人たちに回っていないのです。社会に依存するのはけしからんという、あまりにも変な話になっているので、さすがに民間のシンクタンクが計算をしたのです。確か日本財団と三菱ＵＦＪリサーチ&コンサルティングでしたが、子どもの貧困の社会的損失推計を出しています。どういう研究かといいますと、最近の相対的貧困率を採用して、15歳の時点で貧困家庭にいる子どもたちを18万人と仮定し、現状シナリオと改善シナリオを設定して、彼らが19歳から64歳になるまでの間に得る所得と社会保障費負担額を算出して、差額を示しています。現状シナリオは貧困家庭にいる子どもをそのままにしておいて、現状の進学率や就職率などのままであると仮定したものです。改善シナリオは、彼らに教育を保障して、高校進学率を非貧困家庭の子どもと同じに、大学進学率を22パーセント引き上げることに成功したとし、就職率も向上したと仮定したものです。

この推計からは、現状シナリオと改善シナリオとの間には、所得で２・９兆円、社会保障費負担額で１・１兆円の合計４兆円の差が出ることがわかったといいます。いわば、一学年だけでも将来的にこんなに差が出るのです。詳しくは申し上げませんが、この推計から、日本財団と三菱ＵＦＪは、いま子ども手当は年間２・２兆円くらいで、それが15歳まで支給されている。この２・２兆円を15年齢で割ると１年齢あたり１５００億円くらいになる。計算すると、現元に戻ってしまいますが、１５００億円×15年間つまり２・２兆円の子ども手当を受けて、現状シナリオで放置しておいた1年齢の子どもが、改善シナリオでは、将来的に４兆円の社会的損失を補填することになるのだから、こんなに効率のよい社会投資はないのではないか、ということなのです。ですから、改善シナリオに近づけられるように、子ども手当を増額すべきだという議論になります。

ということは依存ではなくて、彼らは、貧困を改善できるようにおカネを回せば、社会に貢献するのだという議論が、費用対効果の面からもできるようになってくるということです。おカネの面でも、ということなのです。けれども、伝統的家族観というわけのわからないものが邪魔をするのです。伝統って、いつからですか、と聞くと、こういう声の大きい人たちは、いにしえからだというので、それっていつですかというと太古の昔からに決まっている、というのです。なんだか、いざなぎといざなみの国生みの話のようになってしまって、その頃から決まっているというのです。まったく訳がわからなくなるのですが、その人たちの頭の中ではそういうことなのですね。

言語能力　読解力　貧困の負の連鎖

子どもたちの貧困が広がっていて、学校現場でも問題になってきています。たとえば、廿日市市では児童館施設を併設している学校で、朝、給食を出し始めているのです。また、たとえば夏休みが終わると子どもが痩せているという報告が各地から上がってきていて、給食で栄養を摂っているのではないかといわれ始めています。さらに、日本の子どもたちの言葉の力が弱いのではないかとの指摘があります。先ほどご紹介した新井先生たちのグループが、読解力調査を行ったのですが、どうも日本の子どもたちは読解力が低いのではないかということがいわれ始めているのです。読まないで鉛筆転がしをしているくらいの正答率でしかないというのです。ということは、ＡＩに取って代わられる力しか身についていないのではないか。覚えたものを出すことしかできなくなっているのではないか、と彼らは指摘をしています。これで、子どもたちの将来は大丈夫ですかと問い始めているのです。

さらに貧困は学校教育を通して再生産される。これは、私たちの業界では定説になっています。貧困は世代間で再生産される、学校教育を通して。つまり、親が貧困だと子どもに高い教育を与えることができないので、その子は学歴をつけることができず、社会的に低い階層にリクルートされてしまって、貧困になる。そうすると、また孫も同じようなルートを通って、同じような状況になるといわれているのです。

では、どこにくさびを打ち込んでこの悪循環を止めるのか。このことが問われています。単におカネを回せばいいのかというと、実はおカネを回すだけでは駄目なことも分かってきていて、そのおカネを使って、子どもたち一人ひとりが自分から貧困から抜け出そうと思える意志とそれを実現する力をつけないといけないのではないか、という議論になっています。そういう意味でも、生きる力を身につけるためには、学び続けなければいけない。つまり、学び続ける力を身につけなければならない。そのためには認知能力が必要であり、その基盤には非認知能力を高めることが必要だ、と一時盛んにいわれたのですが、それもすこし危うくなってきている感じです。

認知能力と非認知能力

非認知能力とは何か、と問われると一般的には自己肯定感とか、目標に向かって頑張れる力とか、仲間と一緒にやれる力みたいな、いわゆる客観テストと呼ばれるもので測定できない力を指すとされています。そういうものがないと、子どもは積極的に学ぶことができない、つまりテストで測れるような認知能力が伸びず、学力が低いままになってしまって、この学歴社会では、貧困から抜け出せなくなってしまう。ですから、褒めましょうとか、肯定しましょう、子どもの自己肯定感を高めましょう、とかいわれたのですが、どうもそうではないのではないかということが、経験的に指摘されているのです。

たとえばどんなことかといいますと、私たちの経験でもよく分かる話なのですが、子どもたちの中に、大体小学校の3年生ぐらいから学力ががたがたっと落ちて、そこから低空飛行を続ける子どもたちが出てきます。何が起こっているのかというと、実は、すごいねすごいねと褒められ続けて、1、2年生ぐらいのころは何とかなるのですけれども、3年生からテストが始まって、点数が出てしまうのです。そうすると、自分はすごいと思っていた子が、実はこんな点数しか取れなくて、本当はすごくない、ということに気づいてしまう。すると、どうせボクは頑張ったって、できないんだもん、というふうになってしまうのです。「どうせ」という言葉が出始めると崩れていってしまうと、小学校の先生方にいわれたことがあります。

しかも、厳しいことに、日本のカリキュラムは、皆さん経験があるように、座布団型と呼ばれる積み上げ方式の構造を取っているのです。1回習ったことは次に出てこないのです。1回つまずくとずっとつまずいたままになってしまいます。たとえば、アメリカのある州のカリキュラム構造は螺旋型なので、1回出たものが次にちょっと高度化してまた出てくるのです。そうすると、その時に分からなくても、次には何とかなっていくのですけれども、日本の場合はいったんつまずくとずっと駄目なようにつくってある。だから、そのままわからないままになって、学力がつかない、そして学歴社会で不利益を被るということになってしまうのです。これはなぜなのかというと、工業社会の成果システムがそのままになっている、つまり達成度を測ることになっているからなのです。入試もそうです。一発勝負の一斉入試で測れるのは、その時点での達成度しかありません。将来の可能性を見よ、といわれるのですが、無理です。ですから、４年生でつまずいたら３年生に戻らなければならないということが起こるのです。単元を戻りましょうという指導がありますけれども、まるまる単元ごと学年を戻らなければならないのです。結局、それで学力問題が起こってしまう。それがやる気を殺いでしまう。となると、やはり学力、つまり認知能力をつけなければならないのではないか、という話になってしまうのです。

さらに、最近、子どもたちの認知（これは知覚に近いものです）に問題があるのではないかという指摘が出始めています。たとえば、物の見え方に問題があるのではないかというのです。非行を繰り返す子どもたちに対する指導実践をされている方々がいい始めたことなのですが、この子たちには、私たちが見ているように字や図が見えていないのではないかというのです。たとえば、皆さんはこのスライドの「学び続ける力のためには」という文字を読めると思います。けれども、その子たちは「学び続ける力のためには」という文字の形が、こう見えていないのではないか、というのです。縦横の棒みたいなものがずれてしまって、文字が文字としてきちんと認知されていないのではないか、ということです。そういわれると、私は、はっとあることに思いあたるのです。角膜に傷がついていて目が見えなかった人が、角膜移植で目が見えるようになっても、私たちと同じようには見えないことが分かっているのです。訓練しなければいけないのです。何度も何度も訓練していくうちに、だんだん私たちが見えているように見えるようになってくることが分かっています。

目が受け取っている光の画像、つまり網膜に映っている画像はとても曖昧なものなので、脳が処理して、このように見えるようになっているのです。ということは、皆さんが見えているのは、この社会に生れ落ちてきて、この社会の人間関係の中で、そういう見え方をするように、知らぬ間に訓練を受けているからなのです。つまり、文化の影響を受けていて、その結果、字を読むことができるようになり、計算もできるようになってくる。こういうことの繰り返しの中で、この文字を持つ社会の中で、皆と同じような文字を認識できるようになる。その結果、どの言語の文字もきちんと認識できるようになるということなのです。ですから、赤ちゃんなども、脳がきちんと処理しないままだと、自分の外界を私たちと同じようには見ていないということですし、もしかしたら、今後、異なる処理の仕方を求める社会になったときには、私たちの見ていたものは、その新たな社会では歪んだものだったということにもなります。

こう考えると、子どもたちの認知がおかしいということは、もしかしたら、そういう訓練を受けられるような人間関係や、その人間関係が持っている文化の中に入る経験をしてこなかったのではないかとも、いえそうなのです。そこで問題になるのが、関係の貧困ということなのです。

人間関係の貧困こそが問題

おカネがない、つまり経済的に貧困なだけではなくて、経済的な貧困が引き起こす人間関係の貧困こそが問題なのではないか、さらにはこの関係の貧困が経済的な貧困の原因でもあるのではないか、という指摘が出始めているのです。しかもそれが言語に関わっていて、きちんと対話して、言葉の力を高めておかないと、子どもたちには学力がつかない。そして、その力がないと自己肯定感も高まっていかない。自分のことを考えるのに言語を使いますから、その言語がしっかりしていなければ、自分のことを肯定もできないのではないか。そうなれば学力も落ちていってしまうし、肯定感も下がっていってしまう。こういう悪循環に陥ってしまい、子どもたちは、結果的に、ずるずると悪くなっていってしまうのではないかということなのです。

こう考えたとき、この循環を逆の好循環に組み替えるにはどうしたらいいのか。このことが社会的な課題となってきます。

地域共生社会推進検討会議

もう1つ、暗い話が続きます。すみません。厚生労働省の新オレンジプラン（認知症施策推進総合戦略）が推計を出しているのですが、認知症がこれからどんどん増えていくというのです。薬の開発が始まっていて、薬で予防できるし、治療できるようになるとはいわれていますが、それでも増えると考えられていて、有病率が2012年以降一定だと仮定すると、2060年には850万人、高齢者のうちの25パーセント、総人口の約9・8パーセントになる。有病率が上昇すると仮定すると、2060年には1154万人、高齢者のうちの34パーセント、総人口の13パーセント強となるという予測が出ています。その頃の総人口は約8700万人ですので、こういう計算になるのですが、糖尿病などの影響で、認知症の有病率が上がっているので、その頃には総人口の1割以上が認知症になると受け止められています。それで、厚労省は地域包括ケアという言い方を改めようとしているのだと思います。すでに、地域共生社会づくりと言い始めていて。単に見守ったり、支えあったりでは間に合わない。先回りをして、そういう人たちを受け入れて、共生していく社会をつくっておかないと大変なことになると言い始めているのです。

厚労省の健康福祉局の中に健康福祉・地域共生社会課という課ができていて、そこに共生社会推進室という部署がつくられています。先日、そこの室長と課長が来られて、何ておっしゃったか。社会教育が大事だと言うのです（笑）。厚労省が社会教育やりたいと、その場でおっしゃるのです。

厚労省はこういう図をつくって持っていて、地域共生社会推進検討会議最終報告書の資料に入っているのですが、これからここ、つまり地域共生社会づくりを

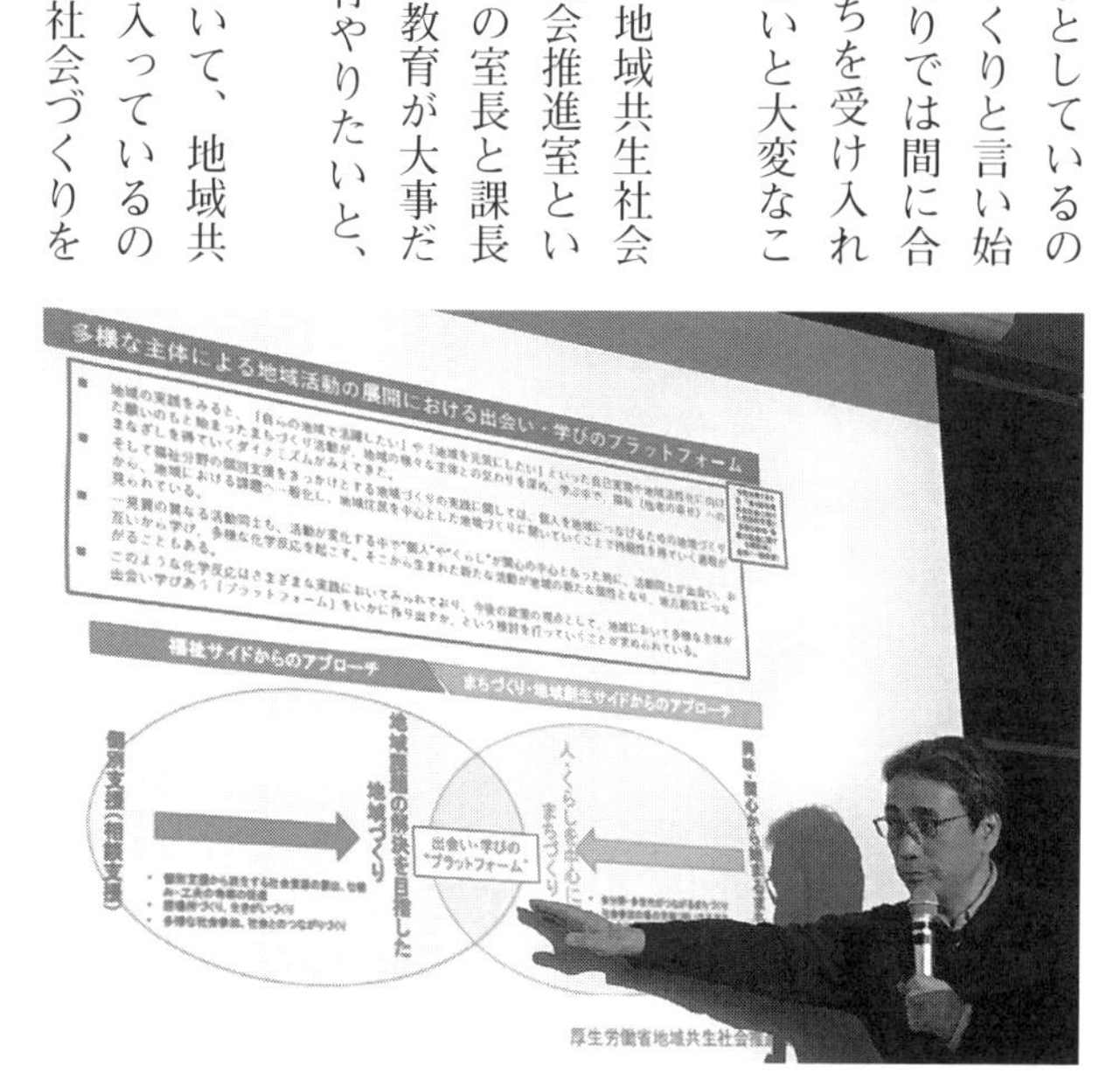

やるのだと言うのです。その基盤となるところが、「出会いと学びのプラットフォーム」なのです。つまり、福祉サイドとまちづくりサイドの2つから地域社会にアプローチをかけていくというのです。福祉からのアプローチは彼らも今までやってきたことなのですが、今後、まちづくりサイドからもアプローチをかけると言うのです。地方創生の財源を使うといっていました。そして、この2つのアプローチの交わりができる。この交わったところはなんなのか、というと、「出会いと学びのプラットフォーム」だというのです。冗談で、結婚紹介所でもやるのですか、と言ったら笑っていましたけれども、「出会い学びのプラットフォーム」を厚労省がつくって、地域社会にアプローチして、共生社会をつくるのだと言うのです。そこで、「これって社会教育じゃないですか」と言ったら、「そのとおりです」との返事なのです。「文科省と一緒にやらないのですか」と聞いたら、「いや、われわれがやりたい。それで、先生に話を聞きに来たのだ」と、こういうことだったのです。

厚労省自体が、こういうことを考えているのです。社会教育ではない社会教育が、社会教育の実態をつくっている感じですね。住民は、楽しくないと動かないですよ、出会いと学びって、組織されてやれって言われても、誰もやりませんよとお話ししたら、それは分かっている、どう楽しくかかわってもらえるのかという、より具体的なアプローチの仕方を勉強に来たのだ、と言われてしまいました。残念ですが、文科省の職員よりも熱心だと感じました。世間とは、そういうことなのですね。

ビジョナリー会議　新しい技術

もう1つ、官邸の中にビジョナリー会議というものがあります。そこで、これから20年、30年後に実現する新しい技術を扱っていて、ムーンショット型研究開発制度という施策がありま す。ムーンショット型というのは、月を射るような、難しいけれど、当たったらすごいよという技術のことで、これがアメリカの技術などを含めて25項目上がってきたのだといいます。２０４０年から60年頃までに実現すると言われている技術がターゲットとなっています。そのなかに、お前に関係あるものが８項目あるといわれるのです。高齢社会・人口減少社会を、この８項目の技術を使って克服するのだという話になっていて、この技術は理系的な発想でつくられているので、文系的な観点から見て、どんな社会がやってくるといえるのか、考えろ言われたのです。それで、この８つを見せてもらったのですが、「怖いですよねー」って話をしていたら、担当者に「何が怖いんですか」と言われてしまいました。皆さん、これをご覧になって、怖くないですか？　少子高齢化・人口減少という社会問題が解決されて、明るい未来がやってくる、いい話ですか？

片仮名ばかりで分かりにくいのですが、例えば1番目、人間拡張化技術というのはサイボーグ化するという話です。あと20年、30年です。機械や電子回路を埋め込むかどうかは別としても、今、既にあるのです、そういう技術は。ヘッドギアを付けて電極を外からつなげると、脳波を感知して、脳が意識するだけで、手足が動くようになるという装置や仕組みは今、すでにあるのです。それをもっと小型化して、着装できるようにすると、現在、身体が不随の人も、動けるようになるということなのです。それはとてもいい話かもしれません。

3つ目の、全ての行為と体験がアバター経由で実現するというのは、このパソコンといいますかネットワークの中にアバターという私や他の人の代理人がつくられていて、その代理人がいろいろやってくれるようになるので、あまり移動しなくても済むという話です。

もう既にこういう高校があるのです。N高校という高校、ご存じですよね。学校法人角川ドワンゴ学園の学校で、文科省が認可していますから、ここに通うと高校卒業の学歴が取れるのです。リアルな校舎は持っているのですけれども、ほとんどネット上で学習を終えられる高校で、いま、わざわざ全日制の進学校を中退して転校したり、高校進学の時に敢えてこの高校を選んだりする子が増えてきて、とてもたくさんの生徒がここで学んでいます。

中にはアクティブラーナーと呼ばれる子たちがいて、自分でどんどん学習や探求を進めているのです。幾人かの子たちは、私たちに連絡を取って、研究室に遊びに来たりしています。すごい子たちがいるのです、確かに。レポートを持ってくるのですが、うちの院生なんかすでにかなわないなあ、と思える子が結構います。高校生なのですが、自分でテーマを決めて、どんどん探求していって、研究成果を出しているのです。これはいわゆるリアルな生徒の事例なのですが、このN高校では、部活動とか修学旅行とか委員会活動とか課外活動とかも、全部アバターがやってくれる、というのか、アバターを使って、行うのです。

例えば、eスポーツ部があります。eスポーツのサッカーゲームをやるとします。おとなたちは、ゲームで遊んでいるのかと思いますよね。でも、違うのです。自分でチームをつくらなければいけないので、全世界の仲間たちに声を掛けてチームを編成することから始めるのです。交渉術が必要になるのです。仲間を集めて、みんながアバターを持ってきますから、そこでお互いの信頼関係をつくったり、コンフリクトを解決したりして、チームビルディングをするのです。相手がまた、同じように11人集めてきますから、そこでゲームが行われるのです。つまり、単にゲームで遊んでいるのではなくて、交渉をしなければいけない。自分の仲間になってくれと。戦術を立てなければいけない。

しかも、eスポーツもできないといけない。こういういろんなことをやっていく中でクラブ活動が成立する、こういうことなのです。このほかに、起業部・投資部・囲碁部・将棋部・クイズ研究会・美術部・コンピュータ部・音楽部・人狼部などがあるようです。

新しい学校の在り方をつくっているし、これまで既存の学校になじめなかった子たちがオンラインでつながって、新しい関係をつくり始めているという反面で、引きこもりの子たちのなかで、昼夜逆転などいろんな問題も起こっているといわれます。私の知人の子も、ひきこもりだったのですが、N高校に入って、しばらくはいきいきしていたようなのですが、今や昼夜逆転してしまって、親が悩んでいます。でも、新たな時代の流れなのでしょう。認可されていて、高校卒業できるのです。そんなことが起こっています。

医療アクセス　生体認証技術とAI

あと下の2つ、つまり農業と建設業の完全自動化はもうほぼ実現できると言われています。農水省は、水稲の自動化実験が終わったといっているようで、今年から畑作をやるとのことでした。建築工事はほとんど自動化可能だと言われています。

医療アクセスはどうかというと、厚労省は皆さんの医療データを集めています。それをマイナンバーに結び付ける構想になっているのですけれども、しばらくたったら要らなくなると言われているようなのです。例えばこの間、厚労省に行ったらこんなことを言われました。私のデータがすでに集められて、データベースになっているとします。

私が例えば、過疎地に住んでいるとします。朝パソコンをぱかっと開けると、向こうからお医者さんが出てきて、これはアバターですけれども、「牧野さんおはようございます」と。で、「あ、おはようございます」なんて言っていると、カメラが付いているので顔を撮られて、「今日、顔色悪いですね」とか言われる。「すいません。昨日ちょっと飲み過ぎちゃいまして」なんてぐずぐず言っていると、「あなた過去に肝臓やってるでしょ」とかお小言を言われて、「しょうがないから、一服盛っておきますね」と、私の過去の既往症や今日の顔色や問診などのデータが医薬品会社に送られるのです。そしてそこで、私向けの医薬品が調合されて、ドローンで飛んでくると、こういうことが想定されているのだそうです。とても便利だし、どこにいても医療が受けられるようになります。これで、もし入院とか手術が必要だと判断されれば、その病状に応じた病院が予約されて、そこに出向くことになります。これを裏返すと、薬局が要らなくなるし、薬剤師が要らなくなる、もしかしたらかかりつけ医も要らなくなるかもしれないのです。

私が怖いですよねと言ったのは、こういう技術は全部、生体認証技術とＡＩとが結び付いてつくられているからなのです。

私もよく海外に行きますけれども、今、日本の出入国管理は人がやらなくなっています。パスポートの写真欄を開いて、所定の場所に置いて、ここで前見てください、と写真を撮られる。そうすると、どうぞ、行っていいですよといわれる。それで、ハンコをついてくれないので、ハンコがほしければ、人間が押すからこちらへ、と言われる。どうなっているのかというと、私のデータベースがあって、私の顔認証で、私が特定できるので、データベースを探っていって問題ない人間だから、通ってよいということになっているのです。それを全部、システムがやるようになるということです。

個人の医療データも国が集めていますから、私と認定されれば私の医療データが使われて、医療的な処置がなされるということになっていきます。今、マイナンバーに紐付けることが構想されていますが、そのうち顔認証で全部やれればマイナンバーも要らなくなってしまいます。

この社会はどうなるのかという議論もしなければいけない

今、品川駅などで構想されているのは、駅にサイネージがいっぱいありますが、電子看板です。今は普通のプロジェクターのように勝手に動いていますけれども、そのうち虹彩認証をして、私を特定し、私の好みがデータベース化されていきますから、それと紐付けされて、私が動くと私の好きなものがずっとついてくるという宣伝が考えられていて、その実証実験が進められることとなるといわれています。私を特定することによって、私の目に入るところに、私の好きなものが出てきて、モノを買わせるような仕組みができるようになるということなのです。

たとえば、中国で実験が始まっていますが、無人のコンビニには、すでにレジすらありません。バーコードをスキャンするのではなくて、カメラがあちこちにつけられていて、それで顔認証と商品の認証をして、顔認証とアリペイとかウィチャットペイが紐付けられているので、その商品を持って出れば、そこで課金されるという仕組みが動き始めています。

これが怖いのはなぜなのかというと、私が私であることを、私が思っていなくても、システム、つまり人ではなくて、システムが、つまりＡＩがおまえだと言ってくれる時代がやってくるかもしれないということなのです。

そうなると自我とか人格とかが要らなくなるかもしれない。自我も人格も、自分は自分だと思えるような記憶に頼っていて、私たちはそれを現在まで自分は自分として一貫していると思えるように組み換えて使っているのですが、そういうことが不要化するかも知れないのです。こう言ったら怖いですか？（笑）。どうですか。そんなことが今から20年ぐらいで実現すると言われていて、どうしますかという話になってきているのです。

下手をすると、システムの言うとおりに生きていればなんの問題もないけれども、システムから外れるようなことになると、危険人物であると判断されたり、私みたいにあちこちで制度の悪口を言っている人は何かこう不満分子というのか、犯罪予備軍みたいに認定されたりしてしまうとか、そうなるかもしれないという話なのです。なんだかアニメの『PSYCHO-PASS サイコパス』の世界がやってくるかのようです。

今でも、まちじゅうに監視カメラが付いていますが、今度、携帯電話なども5Gになります。そうすると、監視カメラの数が24倍ぐらい付けられるようになるので、いたるところに監視カメラが付けられて、人がどこにいるかということが全部特定できるようになると言われています。そんなことも含めて、この社会はどうなるのかという議論もしなければいけない。人格とか自我というものをどうするのか。私たちがつくってきたこの社会のシステムそのものが根本的に変わるかもしれないということなのです。

「ことば」を使って人と話をすることがない？

このような社会の転換期にあって、子どもたちのことを考えると、やはり彼らが自立していけるように支援する態勢をつくっていかなければいけないだろうと思います。その基本は、子どもたちがきちんと「ことば」を使って、人と話ができて、受け入れてもらえて、自分にもこの社会に居場所があるのだと思えるようにしておかなければいけないのではないかということです。

子ども自身が、話せば分かってもらえるという関係をつくりつつ、きちんと肯定感を高めていけるような関係に入ることができる、ということが大事なのではないでしょうか。さきほど、貧困の話をしましたけれども、私たちが関わっている都内の調査があって、そこで知り合った子たちの家庭を例に挙げれば、母子家庭ではなくて、両親がいても、とても忙しいのです、今の若い世代は。

しかも東京は通勤時間が長いですから、多くの家庭で、子どもが学校に行く前に、親が家を出てしまったり、甚だしくは、子どもが朝起きる前から、親が出勤したりしていて、親そのものが朝ご飯を食べないで家を出てしまうという家庭が結構あるのです。ある家庭では、毎朝テーブルに５００円玉が置いてあって、これでご飯食べておいてね、って伝言があって、親が出勤しているのです。

子どもは、親が出かけたあとに、ぼーっと起きてきて、その５００円を握って、ご飯食べないで学校に行って、授業もぼーっと受けて、昼ご飯は給食を食べて、授業が終わってからも、すぐ帰っても家に誰もいないので、まちでぶらぶらしていて、夕方、デパ地下でこの５００円を使って、揚げ物でも買って食べて、帰ってもまだ親がいないので、まちでぶらぶらして夜の10時ぐらいに帰る。でも、まだうちが暗かったりするわけです。親が帰ってくる前に、子どもが先に寝てしまう。そうすると、この子は１日誰とも口をきいてない。こういう子が結構いるのです。

こういう子たちは、調査などで話を聞いていくと、ご飯が嫌いなのです。そうですよね。ちゃんとご飯を食べたこ

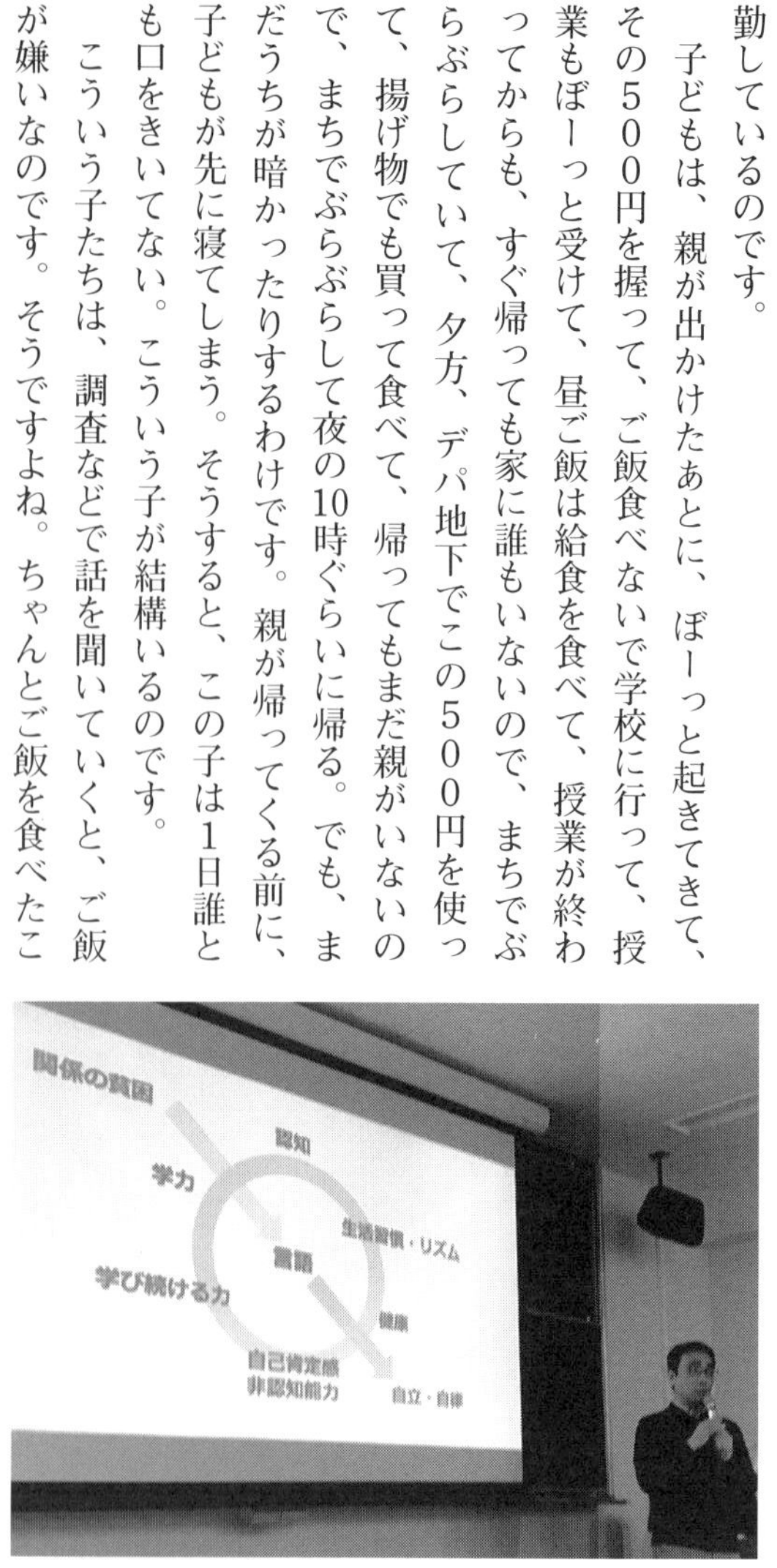

とがないのですから。お互いに認めあって、楽しい関係の中でご飯を食べたことがないので、嫌いなのです。ご飯なんて、嫌だ、食べたくないといいます。彼らのいうご飯とは、デパ地下の揚げ物の買い食いなのです。まずい、って言います。しかも、そういう子たちは学力が落ちていってしまう傾向を示しているのです。どこでこの子たちの人間関係をつくり直して、自分の力で立ち上がろうとするのを支援してやれるのかが問われているのです。

高齢者　ご飯をおいしいと思っている人は元気

さらに高齢者ですけれども、東大の附属病院の医師にこんなことを言われて、はっとしたのです。寝たきりになっても誤嚥（ごえん）がほとんど無い人がいる。自立をしていても誤嚥が多い人がいる。どうしてなのだろうと思って、調べてみたそうなのです。

今までは、飲み込む力が弱っていったり、嚥下反射の障害があったりするので誤嚥が多くなると考えていたというのです。そういう生理的な一面はあるのですが、彼らが言うのは、ご飯をおいしいと思っている人は寝たきりになっても誤嚥があまり無い。これは発見だったといいます。飲み込む力は落ちているけれども、おいしいから意識して食べているので誤嚥が少ないようだというのです。ご飯がおいしくない人は、自立をしていても、ご飯を食べるときに、ご飯そのものをあまり意識していないので、誤嚥が多くなってしまう。では、おいしいってどういうことなのかと調べていったら、どうも味ではないらしい、ということがわかってきた。どういう関係でご飯を食べているのかが問題なのだということに気付き始めたというのです。

同居をしていても、ご飯を持ってこられて、私たちこっちで食べるから、おばあちゃん勝手に食べおいてね、とご飯を置いていかれて、1人でぽつんと食べている人は、実はご飯が嫌いなのだそうです。しかも、おいしくないと感じている。または、そうでなくても、子ども世帯が忙しくて不在がちで、ご飯だけが置かれていて、ひとりで食べている人とか、自分で買いに行って食べている人たちは、同居していても、ご飯はまずい、嫌いだという人が多いというのです。だけど、寝たきりになっても、例えば孫が来て、おばあちゃん、一緒に食べようと言ってくれて、食べながら、おいしいねって、感情を交換して、食べている人たちは、ご飯が好きで一生懸命食べようとするのだそうです。だから、誤嚥が少ないし、ご飯をおいしいと感じている。

そうすると、知人の医師が言うのは、私たちはご飯を食べると言うけれども、食品というモノから栄養を摂っているだけではなくて、食事という関係を食べているし、そこから精神の栄養を取っているのだと解釈したほうがいいのではないかということなのです。そうしたものが身体の状態に関わってくるので、そういう関係性を大事にしなければいけないのではないかと思い始めた、というのです。先の子どもの問題と同じことなのですね。

社会の在り方を変えていかなければ

こんなことも含めて、私たち自身が考え直さなければいけないことはいっぱいあるのではないかということです。社会の在り方を変えていかなければならないだろうということなのです。

小田切先生（第3回講師）がおしゃっていたことなのですが、先生は地方の農山村の誇りが失われることによって、急激な空洞化が起こるという話を、この公開講座の第3回目にされました。今の議論と同じようなことなのですけれども、この図を示されたのです。コミュニティーで三つの空洞化、つまり人の空洞化・むらの空洞化・限界集落化が起こって、そのままにしておくと、臨界点があって、なんとか維持されていた集落が、すとんと落ちるかのようにして、壊れていってしまう。その臨界点とは何かというと、実は住民が誇りを失うときなのだ、と。だから外部の人々が関わって、何とか集落機能を維持しつつ、人々の誇りを回復する準備段階を経ると、逆臨界点が見えてきて、そこから活性化事業を導入していくと、ぐっと上向い

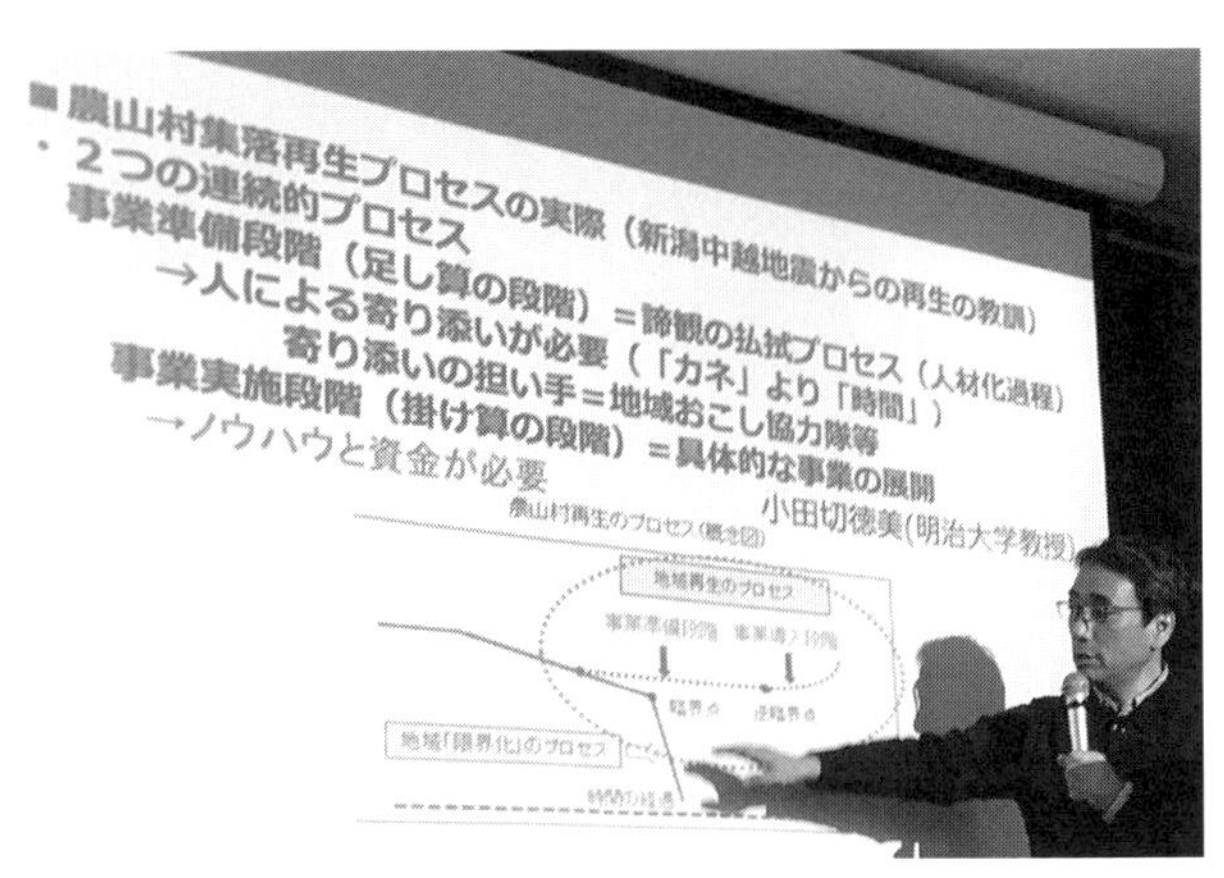

ていく、という話をされたと思います。

　私たちも、各地でいろいろ関わっていると、小田切先生の議論にはとても共感できるところがあるのです。しかも、その上で、こういうことを考えなければいけないのではないかとも思うのです。むらの解体には、臨界点があって、それは住民の誇りとかかわっていて、そこからストンと落ちてしまう。小田切先生はここから先の活性化の形に関心がおありだと思うのですが、臨界点に落ちずに、維持し続けて、逆臨界点に至るまでの間は3年間ぐらいかかりますよとおっしゃる。これは私たちも同感なのです。1カ所に3年くらい関わらないと動かないのです。

　ただ、逆臨界点に行き着く前のところを詳しく見てみると、実はこの図のような関係になっているのではないかと見えることがあるのです。微妙にたくさんの変化点みたいなものがあって、それが揺れ動いていて、ここによそ者が関わりつつ、やっては失敗し、失敗しては諦めながらも、もう一度やってみようとする、というような、表面的には変化がないように見えながらも、実は盛んに揺れ動き、身悶えしているような、そしてそれらを通して、お互いの信頼関係をつくっている過程があるのではないかと見えるのです。

これまでは、ＰＤＣＡで回すことが求められてきました。しかし、ＰＤＣＡは基本的には製造業の製品の歩留まりを高めるための１つのやり方であって、人間とか社会に適用すると、どんどん縮小再生産になっていくのです。Plan、Do、Check、Actで、プランを立てて、やってみて、チェックして、もう1回動きましょうという話をしていると、達成できていないと悪い評価になりますから、できるプランしか立てなくなってしまって、縮小していってしまうのです。できるプランしか出てこなくなってしまうのです。まちづくりは、それではまずいのです。そうではなくて、最近、ＯＥＣＤも提唱をし始めていますが、私たちはＡＡＲの循環をこのグズグズしているように見える段階に見出したいのです。それは、AnticipationとActionとReflectionです。これは普通に皆さんがやっていることです。Anticipationとは、楽しいことを考えて、ニヤニヤしたり、ウキウキしたりするということです。そして、Action、やってみて、Reflection、振り返って、また新しいことを考えて、ウキウキして、やってみる。こういうことなのです。これ、皆さんが日常でやっていることのはずです。そうすると、開放型になってきます。再生産でもないのです。やってみて面白かったらもっとやっちゃおうと思うし、駄目だったらちょっと変えてみようと思いますよね。そういうことを繰り返しているはずで、そこによそ者が関わって少しずつ動かしていくと、逆臨界点がやってくるのではないか。3年間関わるというのは、こういうことをやっているのではないかと思うのです。

社会に居場所をつくる

このサイクルに子どもを巻き込んでいくと、居場所ができていくということが起こるのではないでしょうか。私たちは子どもを認めよう、とよく言います。でも、福祉は黒ずくめの人にはかなわない、つまり反社会勢力の

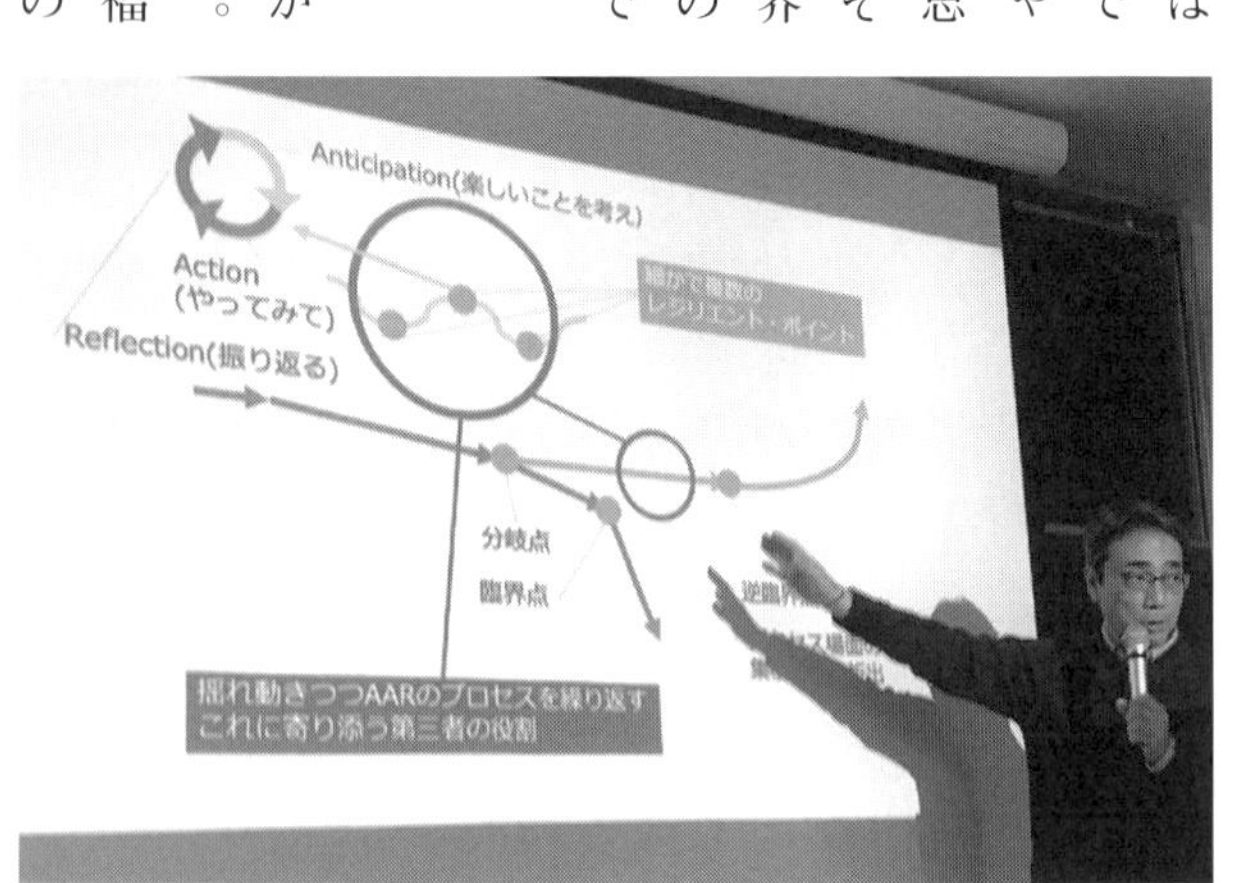

人には福祉はかなわないと、元厚労次官の村木さんがおっしゃるのです。どういうことなのかというと、福祉は問題が起こったときに措置を取って、指導助言をする。けれども、黒ずくめの人たちは、子どものところに寄ってきては、君は素晴らしいね、かわいいねとか、何したいの？ これやろうよ、あれやろうよと気持ちを尊重してくれて、一緒にご飯食べようと、居場所をつくってくれる。それで、気が付いてみると、クスリ漬けになっていたり、風俗に売られたりしているという状態になっている。けれども、その子たちはそこから出てこないと、村木さんは言うのです。なぜかというと、そこが居場所になってしまうからなのです。このことは、都内のある区の調査でも、わかってきています。

社会に子どもたちの居場所をつくってやる。そのためには、子どもたちを認めなければならない。このことはとても大切です。私たちがやらなければいけないのは、子どもたちの言っていることを、「そうだね」と認めることなのですけれども、ただ、おとながやりがちなのは、その後で、「だけどね」と言ってしまうのです。これは、私もやりがちなのです。「そうだね」と言いつつ、「だけど、こうじゃないの」といってしまう。でも、そうすると、子どもたちは、ああ、やっぱりね、と受け止めてしまう。

そうではなくて、このAARのサイクルが回り始めると、「そうだね、だったらこうしようよ」と言えるようになるのではないか、と思うのです。楽しいことを考えて、やってみようよ、やってみた、だったら今度はこうしたほうがいいよね、ってお互いに言えるようになってくるのではないか。

ＰＤＣＡだと評価してしまいますから、「だけどね」と言ってしまうことになる。そうではないのではないか。ＡＡＲの循環の中に巻き込んでいくと、社会の中に、子どもたちの居場所ができて、子どもたちは自分の役割を果たして、自分は役に立てるのだと思えるようになる。そういう関係に入れるのではないか。それが社会の基盤をつくることにつながるのではないかと考えているところです。このことは、ひとり子どもだけではなくて、社会に生きる人々すべてにいえることなのではないでしょうか。社会が底抜けしないように、みなが、そうだよね、だったらこうしよう、といえる関係をつくっていく、このことのあり方が問われているのだと思います。

それこそが実は学ばなければならない社会、学ばないではいられない社会なのではないでしょうか。そして、そうした社会の基盤をつくるものとして社会教育の実践や公民館がきちんとあるべきではないかと考えています。

すみません、２時間しゃべってしまいました（笑）。これから簡単な交流会なども予定されていますので、ご質問などを受けようと思います。ありがとうございました。

受講者の声・感想

『学ばないではいられない社会へ』『生涯学習(学び続ける)社会へ』すばらしい指針です！！

ＡＡＲ (Anticipation Action Reflection) の繰り返しは、地方でも、都市でも大変です。

現場にいる社会教育に係わる方々が、もっと理想と、こうあるべき姿を主張していく力もつけることも必要だと思います。

ＰＤＣＡ（Plan Do Check Action）から、ＡＡＲ（Anticipation Action Reflection）というお話が印象に残りました。

ＰＤＣＡとは違う、受け入れる力や工夫についてなど、教育の具体的な方法を体系化することに未来を感じました。

自発・主体性・思考力・問う力を引き出す工夫に魅力を感じました。

受講者の声・感想

社会教育の重要性をあらゆる面から求められている中で、社会教育現場として、今何をすべきかをモヤモヤ考えているところです。

多様な場での学びは必要だと思います。

そういう場とどうつながりを持ちながら、社会教育現場として機能していくか、モヤモヤしています。

生涯学習の本来の意味を、未来に向けて自分らしく考えてみたいと思います。


身の回りの地域で、もう一度小さな関係を作り直していくしかなさそうです。Socialとは“社会”でもあり“社交”でもあるということがポイントだと思います。

社会教育を社交教育にしたいものです。

便利な社会になればなるほど、教育の必要性があることを再認識することができました。

社会教育の視点で、過去、現代、未来がつながりました。とても考えさせられる貴重な時間を過ごすことができました。

あとがき

実行委員長　朝枝晴美

社会の変化が激しく、多様な生活がそれぞれに営まれている現代に必要な「学び」とは何か。という私個人の問いを受けて、「社会教育の再設計　シーズン1」は牧野篤先生や多くの方々のお力を借りて生まれました。日常をぼんやり過ごしてきたたった一人の人間の問いを、受け止めてくれた実行委員会が、連続講座という形を作りました。その結果、単に「学び直し」ではない未来につながる「新たな学び」の場をつくることができたのではないかと思っています。今回、書籍になることで更に多くの方と新たな学びを共に拡げ深めることができたら幸いです。

考えも及ばなかった新型ウイルス感染拡大に伴う社会の変化のなか、この本が刊行されます。新たな課題に直面するときだからこそ、学ぶこと、活動することの素晴らしさがこの本から伝わりますようにと願ってます。

この『社会教育の再設計　シーズン1』は一般財団法人ＹＳ市庭コミュニティ財団より「知の冒険事業」として採択いただき、講座を開催、本書を出版できました。末筆ながら、深く感謝申し上げます。

おわりに　編集部から

社会教育の再設計から「新しい社会教育」へ

一般財団法人日本青年館「社会教育」編集長　近藤真司

この新書判「社会教育の再設計　シーズン1」は、雑誌『社会教育』2019年10月号に告知（6ページ参照）を行い、第1回を2020年1月号に紹介、第5回（5月号）まで順次その概要を紹介しました。第5回を実施した2020年2月14日(金)まで対面の講座として東京大学教育学部1階158号室にて実施されました。その1週間後、新型コロナウイルス感染症の拡大から、諸事業の延期・中止、小中高等学校等の休業、卒業式の中止、緊急事態宣言の発出とコロナ禍に巻き込まれていきました。東京2020オリンピック・パラリンピックは1年延期となり、雑誌『社会教育』は大幅な企画変更を余儀なくさせられました。緊急避難的に第5回の講座内容をほぼそのまま6月号から10月号まで紹介しましたところ、好評につき、その内容（新書判45ページから155ページを参照）を中心に、『社会教育』に紹介した内容を加え、新書判の刊行となりました。新書判の発行は、「社会教育」編集部としては29年ぶりです。

『社会教育』は1946年7月創刊、発行元の全日本社会教育連合会は2012年10月に日本青年館と合併、2021年6月号にて通巻900号となります。『社会教育』黎明期の編集委員で文部省にて1949年の社会教育法制定事務担当者だった井内慶次郎先輩（元文部事務次官、元全日本社会教育連合会会長）から「社会教育は地下水である」「行政はあくまで支援者で、主役は現場での実践活動である」と直接うかがいました。

コロナ禍のなか対面が難しい場面に、どのように「新しい社会教育の設計」をしていくのか。例えば社会福祉協議会に倣った社会教育協議会、学校法人に倣った社会教育法人、新しい制度設計、提案も必要です。

2017年度に行われた「学びのクリエイターになる！」では「人材」「自助・共助・公助」「共生・支援・自治」をテーマにしました。同プロジェクトが基盤となり有志がそれぞれの思いを持って「社会教育の再設計　シーズン1」を実施することができました。

2020年11月から「シーズン2」がオンラインで始まりました。この新書判を伴走者として「これからの社会教育」をいっしょに考えていきましょう。

「社会教育の再設計　シーズン１」実行委員会委員名簿
9月30日

氏　　名	所　　　属
朝枝　晴美	学びのクリエイターになる！ 講座修了生 実行委員長
大津　真一	みらいのたね合同会社　社長 兼 Chief Curiosity Officer
岡田　麻矢	豊島区文化商工部学習・スポーツ課 社会教育主事
近藤　真司	(一財)日本青年館　「社会教育」編集長
齋藤　尚久	杉並区教育委員会事務局　社会教育主事
髙井　正	立教大学学校・社会教育講座　特任准教授
多田　邦晃	学びのクリエイターになる！ 講座修了生
中曽根　聡	杉並区教育委員会事務局　社会教育主事
牧野　篤	東京大学大学院教育学研究科　教授
松山　鮎子	早稲田大学教育・総合科学学術院 非常勤講師

＜五十音順＞

協力者： 東京大学生涯 学習論研究室 院生有志	堀本 暁洋　松尾 有美　大野 公寛 末光 翔　野村 一貴　金 亨善 松本 奈々子　鈴木 繁聡　三木 柚香 楊 映雪　佐藤 悠介　＜順不同＞

社会基盤としての社会教育再考
社会教育の再設計：シーズン1
～未来への羅針盤をつくる知の冒険～

発　行　2020年12月18日
編　者　学びのクリエイターになる！実行委員会
発行所　一般財団法人日本青年館「社会教育」編集部
〒160-0013　東京都新宿区霞ヶ丘町4-1
TEL 03-6452-9021　FAX 03-6452-9026
https://www.social-edu.com
ISBN 978-4-7937-0140-5

印刷　株式会社 平河工業社